FOREWORD
前言

在人类社会各个阶段的发展进程中，总有着一群与众不同的人物：他们具备睿智的目光，拥有深远的思想，蕴藏博大精深的智慧，具有追求真理的精神，于是他们成为各自领域内的杰出人物。他们之中既有无畏勇者，也有一代枭雄；既有善思学者，也有社会名流；既有科技精英，也有发明大家。在无法逆转的社会进步大潮中，他们用自己的杰出贡献在人类历史上留下了一串串不可磨灭的印记。

名人之所以成名，与他们独有的天资、机会或不足以为外人言道的种种经历有关，然而这绝非真理。事实上，无数名人也曾经和我们一样默默无闻，也曾遭受过命运的无情嘲弄，也曾在迷惘与困顿中徘徊，也曾经将挑战命运作为自己的人生口号。但真正使他们走向成功的是坚毅的品性、过人的胆略、恒定的信念与执着的勇气，这使他们熬过了人生的严冬，迎来了生命的春天。

本书从世界范围内筛选出具有代表性的政治领袖、军事统帅、思想宗师、科学英杰、发明大家、文学泰斗、艺坛巨擘、名家名流，讲述他们的成长、成才历程，让青少年朋友在阅读中体验他们在政治活动中的宏韬伟略、战争环境下的雄风与智谋，哲学伦理中的深邃与博大，科学技术中的严谨与神奇，文学艺术中的激情与创造……期望青少年朋友从中受到启发和教益，提高素质，树立远大的志向。

Contents | 目录

影响世界的100位名人成才故事
〔外国卷〕

Part 1 第一章
政治领袖

- 8　屋大维
  靠自己成名的罗马皇帝
- 10　伊丽莎白一世
  童贞女王
- 12　彼得大帝
  大胆革新的帝王
- 14　华盛顿
  自学成才的总统
- 16　林肯
  出身最贫寒的美国总统
- 18　俾斯麦
  坚毅不屈的德国首相
- 20　甘地
  印度人民的英雄
- 22　列宁
  无产阶级革命导师

Part 2 第二章
军事统帅

- 26　亚历山大大帝
  梦想征服世界的霸主
- 28　汉尼拔
  军事战略之父
- 30　恺撒
  古罗马的战神
- 32　拿破仑
  战争之神
- 34　巴顿
  血胆将军
- 36　蒙哥马利
  阵地战大师
- 38　艾森豪威尔
  盟军领袖
- 40　朱可夫
  苏联英雄

Part 3 第三章
思想宗师

- 42　柏拉图
  西方哲学之父
- 44　亚里士多德
  博学多才的智者
- 46　卢梭
  困顿中成长起来的思想巨人
- 48　亚当·斯密
  经济学理论之父
- 50　黑格尔
  在进步思想中成长起来的哲人
- 52　马克思
  为理想而奋斗的革命导师
- 54　尼采
  哲学狂人
- 56　弗洛伊德
  解析梦境的大师

中国学生成长速读书

总策划／邢涛　主编／龚勋

影响世界的100位名人成才故事·外国卷

汕頭大學出版社

影/响/世/界/的/100/位/名/人/成/才/故/事(外国卷)

Part 4 第四章
科学英杰...

- 60 阿基米德
  能"撬动地球"的科学家
- 62 哥白尼
  揭开天体运行真相的勇士
- 64 伽利略
  改变世界的科学家
- 66 牛顿
  科学巨人
- 68 富兰克林
  捕捉雷电的人
- 70 高斯
  数学天才
- 72 法拉第
  电学之父
- 74 达尔文
  迷上自然的学者
- 76 门捷列夫
  揭示元素之间秘密的化学家
- 78 伦琴
  发现可透视光线的物理学家
- 80 居里夫人
  勤勉敬业的女科学家
- 82 爱因斯坦
  思想超越时代的科学家
- 84 费米
  核能时代的揭幕者
- 86 史蒂芬·霍金
  宇宙之谜的探索者

Part 5 第五章
发明大家...

- 88 列文虎克
  看见微观世界的人
- 90 瓦特
  自学成才的机械师
- 92 诺贝尔
  流芳百世的发明家
- 94 爱迪生
  让发明改变世界的人
- 96 贝尔
  电话之父
- 98 莱特兄弟
  实现人类飞行梦想的勇者

Part 6 第六章
文学泰斗...

- 102 但丁
  中世纪的最后一位诗人
- 104 莎士比亚
  多产的戏剧天才
- 106 歌德
  激情时代里的代表
- 108 巴尔扎克
  批判主义大师
- 110 普希金
  俄罗斯文学之父

112 雨果
浪漫主义文学的代表

114 安徒生
童话大师

116 列夫·托尔斯泰
杰出的现实主义作家

118 马克·吐温
美国幽默大师

Part 7 第七章
艺坛巨擘

122 达·芬奇
旷世奇才

124 米开朗琪罗
博学多才的雕塑大师

126 拉斐尔
让圣母留在人间的画圣

128 巴赫
古典音乐大师

130 海顿
交响乐之父

132 莫扎特
音乐天才

134 贝多芬
不向命运屈服的音乐家

136 肖邦
浪漫钢琴诗人

138 罗丹
激情的形体思想家

140 凡·高
尘世怪客

142 毕加索
新画派的宗师

Part 8 第八章
名家名流

144 哥伦布
航海冒险家

146 顾拜旦
复兴奥林匹克运动的先驱

148 福特
汽车大王

150 海伦·凯勒
与命运拼搏的榜样

152 卓别林
天才的喜剧表演大师

154 马丁·路德·金
美国现代英雄

156 比尔·盖茨
用智慧创造财富奇迹的人

158 乔丹
篮坛飞人

第一章

政治领袖

　　每个历史时期都需要有属于这个时代的伟大人物,如果没有这样的人物,时代就会创造出这样的人物来,这正如战争离不开英雄一样,社会的进步离不开历史舞台上那些领导时代前行的政治领袖们。他们或是致力于争取自由,为民主而战,如印度民族独立运动先驱甘地;将美国从殖民地的重压下解救出来的华盛顿;为解放黑奴而战的林肯总统;凭借"铁血政策"统一德国的俾斯麦。或是为政治制度改革添砖加瓦,促进社会进步,如从剪胡子开始改革的彼得大帝;无产阶级革命导师列宁……本章将令您再一次领略领袖们的风采,缅怀他们在政坛风起云涌之时的不平凡作为。

人物档案
姓　　名：盖乌斯·屋大维（奥古斯都）
生卒年：公元前63年~公元14年
出生地：罗马
国　　籍：古罗马帝国
身　　份：国家元首

屋大维头像

靠自己成名的罗马皇帝
屋大维
OCTAVIUS

古罗马帝国的开国皇帝、元首政体的创始者。他19岁走上罗马政坛，平定了内乱，并改革罗马社会，给罗马带来了两个世纪的和平与繁荣。

成为恺撒的义子

屋大维出生于骑士家庭，父亲为元老院成员，母亲阿提娅是恺撒的姐姐优利娅的女儿。所以从姻亲上看，屋大维是恺撒的外甥孙子。屋大维4岁时，父亲去世，母亲改嫁。

公元前49年，恺撒率军渡过卢比康河后，意大利落入恺撒手中，屋大维的生活也为之一变。屋大维常被恺撒带到罗马，并受到王子般隆重的接待。15岁时因与恺撒的关系，屋大维被选入大祭司团。从此，屋大维开始担任一些公职。在恺撒这棵大树下，屋大维可谓平步青云，少年得志。

公元前45年，屋大维被送到伊利里亚的阿波罗尼亚去接受教育和军事方面的训练。公元前44年，屋大维被恺撒收为养子，并被指定为继承人。然而就在这一年，恺撒被身边最信任的人谋杀了。随后，屋大维进入到凶险莫测的罗马权力竞技场中。

夺取罗马政权

公元前44年，恺撒遇刺的消息传遍了整个罗马。年仅18岁的屋大维不顾家人的强烈反对，来到罗马，展开了他生命中新的一页。

初到罗马，屋大维面对的是恺撒心腹大将安东尼轻蔑的面孔。但屋大维很快就显示出了恺撒继承人的风范，他利用元

古罗马帝国时期竞技场上的厮杀

老院的力量，对安东尼宣战，在穆提那和波伦西亚战役中打败了安东尼。这不仅使屋大维得到了罗马执政官之职，还使他赢得了安东尼的重视。

公元前43年，屋大维、安东尼和恺撒另一心腹大将雷必达结成了"后三头同盟"。"后三头同盟"成立之后，第一个举措就是追究刺杀恺撒的人。接着，屋大维和安东尼亲密合作，率28个军团攻入希腊，在腓力比一战中击溃共和派主力，刺杀恺撒的主要策划者布鲁图和喀西约被迫自杀。

屋大维与安东尼之间夺权的亚克兴海战

随后屋大维返回罗马，认真经营自己的势力，并夺取了原为安东尼势力范围的高卢。

屋大维去世时罗马帝国的版图

公元前36年，三头密切合作，打败了桀骜不驯的馁克斯都·庞培。接着，在屋大维的引诱下，雷必达的军队倒戈，屋大维趁势解除了雷必达的军权。公元前32年，屋大维与安东尼公开决裂。屋大维在元老院公示了安东尼准备将罗马的土地赠送给埃及女王克里奥帕特拉及其子的遗嘱。遗嘱激起罗马人的公愤。罗马元老院对克里奥帕特拉和安东尼宣战。受命出征的屋大维与安东尼大战于亚克兴海角，屋大维大获全胜，进军埃及本土。公元前30年，安东尼和克里奥帕特拉先后自杀身亡，埃及正式被纳入罗马版图。

公元前27年，屋大维接受了罗马元老院赠予的"奥古斯都"（意为"至尊者"）的称号，这一年通常被视为罗马帝国建立之年。

兴政之举

屋大维是一位机智善断、谨慎稳健的政治家。从公元前27年到公元14年，他担任过罗马执政官、保民官、大祭司等职务。在位期间，他整编军队，对外扩张，大兴土木，建设罗马城。他还在各行省兴建城市，鼓励农业生产，奖励学术文化，保护艺术创作。在他统治期间，罗马进入和平与繁荣的黄金时代。

被描绘为神的"奥古斯都"像

童贞女王
伊丽莎白一世
ELIZABETH I

人物档案
姓　名：伊丽莎白一世
生卒年：1533年～1603年
出生地：伦敦
国　籍：英国
身　份：女王

年轻貌美的伊丽莎白

她一生未婚，在她长达45年的统治时期里，英国由一个弱小国家发展为欧洲的主要强国之一，国力达到了极盛的黄金时代。

一波三折的青少年时代

伊丽莎白诞生于伦敦的普雷森希宫，她是亨利八世与他的第二个王后安妮·波琳唯一幸存的孩子。她一来到这个世界便卷入了皇室斗争的风波中。

由于伊丽莎白的父母是按新教教规结婚的，天主教认为她是一个私生女。伊丽莎白出生时被指定为王位继承人，她的同父异母的姐姐玛丽成为她的服侍者。可是好景不长，伊丽莎白在两岁零八个月时，母亲安妮·波琳因对丈夫不贞的罪名被亨利八世处死。

母亲死后，绝情的父亲亨利八世宣布伊丽莎白是私生女，把她赶出宫门。后来，可怜的伊丽莎白被好心的凯莎琳·帕尔(亨利八世的最后一位妻子)带回到亨利身边。帕尔王后知书达理，学识丰富，并且心地善良，她鼓励伊丽莎白学习。在这期间，伊丽莎白受到很好的教育，她师从英国文艺复兴时期著名的人文主义者罗杰·阿斯坎，受到历史、数学、诗歌和语言方面的教育。在帕尔王后和其他教师的影响下，伊丽莎白成为一个新教徒。

成为一代英君

1547年，亨利八世逝世，异母兄弟爱德华即位。1553年，爱德华早亡，玛丽即位。1558年，女王玛丽去世，没有子嗣，伊丽莎白成了她的合法继承人。伊丽莎白于1559年1月15日在西敏寺加冕，登基之时年仅25岁。

伊丽莎白知识广博，性格开朗，谈吐风趣幽默，善于随机应变。青少年时代的坎坷经历，使她养成了凡事谨慎小心的性格。这一切对于她执

伊丽莎白一世的父亲亨利八世

掌朝纲，巩固朝政，无疑是有益的。然而，伊丽莎白从她姐姐手中接过的却是一个军备废弛、国库空虚、债台高筑、强敌环伺的英格兰。

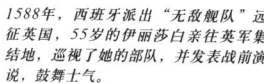

1588年，西班牙派出"无敌舰队"远征英国，55岁的伊丽莎白亲往英军集结地，巡视了她的部队，并发表战前演说，鼓舞士气。

面临百废待兴的局面，伊丽莎白革故鼎新，依靠她的聪明才智，采取一系列措施，逐步解决了内政外交的重重难题。她恢复了亨利八世的宗教改革，释放了大批被关押的新教徒，允许流亡国外的新教徒回国；宣布新教为国教，在第一届国会上通过《王尊法令》，随后又通过《祈祷书及圣礼统一法令》；平定苏格兰女王玛丽的阴谋活动；签订《爱丁堡协议》，和平解决苏格兰的纷争；结束与法国的战争，改善两国关系；大力发展英国海军；支持贩卖非洲黑人的奴隶贸易；鼓励远航探险活动等等。很快，在伊丽莎白的统治下，英国出现了社会稳定、国力富强的鼎盛局面。

伊丽莎白一世的头像被印在纪念英国战胜西班牙"无敌舰队"的金质纪念章上。

伊丽莎白一世女王

独身到底

伊丽莎白女王地位显赫，权势耀人，人又天生丽质、妩媚迷人，求婚者络绎不绝。

伊丽莎白女王知道自己的婚姻不仅与王位继承有关，而且还与国家外交密切相关。她巧妙地使一个求婚者与另一个求婚者互斗，而把联姻的协商期拖延几个月甚至几年。因此，各国宫廷中的权力斗争在伊丽莎白的左右下经常上升到白热化程度。宫廷之内争权夺利斗争的上演也使她懂得：最大的危险往往来自最信任的人。最后，她设法使所有对她的婚姻抱有期待的人都明白：她要永葆童贞，她已经嫁给英格兰了！

伊丽莎白晚年多病，于1603年逝世，终年70岁。

人物档案

姓　名：彼得·阿列克塞耶维奇·罗·
　　　　曼诺夫
生卒年：1672年~1725年
出生地：莫斯科
国　籍：俄国
身　份：沙皇

彼得大帝

"彼得大帝"又被称为"彼得一世"。

大胆革新的帝王
彼得大帝
PETER THE GREAT

俄国历史上最伟大的政治家和改革家。他依靠铁血和高压政策，彻底改变了俄国的落后面貌，使俄国一跃成为欧洲强国。

权力之争

彼得大帝出生在莫斯科城内的克里姆林宫里。在他还不满4岁时，他的父亲沙皇阿列克谢突然因病去世。同父异母的哥哥费多尔继承了皇位，但在1682年，仅20岁的费多尔也因病去世了。为了争夺皇位，各派贵族之间进行了激烈的斗争。这年，10岁的彼得和他20岁的异母兄弟伊万同时被拥立为沙皇。彼得即位不久，他的同父异母姐姐索菲娅借助射击军兵变，血洗了王宫，拥立其同母兄弟伊凡即位。但不久索菲娅便认为伊凡太迟钝而将其废掉，自己上台执政。少年的彼得目睹了这场残酷的宫廷政变，幼小的心灵里埋下了"权势"的种子。

在索菲娅的排挤下，彼得被迫和母亲住在莫斯科郊外的普列奥布拉任斯基村。少年时的彼得酷爱军事游戏，在当地建立了"少年军"。彼得还常与附近的外国侨民来往，从他们那里学习航海知识和造船技术，深受西欧文化影响。

1689年8月，索菲娅再次发动兵变，企图除掉彼得，以绝后患，然而却被彼得领导的"少年军"击败。平息叛乱后，彼得把索菲娅关进修道院，开始亲自执政。

乔装出访

彼得亲政时，俄国是一个非常落后的国家。他决心励精图治，让俄国强大起来。1695年，彼得率军3万远征土耳其的亚速，因没有舰队配合而遭失败。他吸取教训，在顿河河畔的沃罗涅日建立造船厂，很快建立起一支小型江河舰队。1696年，他第二次率军远征亚速，在舰队配合下，终于占领了亚速，打开了通往亚速海的出海口。

为了扩大反土联盟，1697年3月，彼得派遣了一个由250人组成的庞大使团，出访欧洲各国。彼得化名"彼得·米哈依洛夫"，乔装成一个下士随团考察。在阿姆斯特丹一家最大的造船厂当学徒，一直干了四个多月。空闲的时候，彼得总去参观手工工场、博物馆，访问著名的学者、科学家，聘请他们去俄国工作。在伦敦，彼得考察了英国的国家制度，出席了国会的会议，还参加了英国王宫组织的化装舞会。彼得利用一切机会学习西欧先进的东西，就是为了能改造腐朽落后的俄国。

身着荷兰造船工装束的彼得大帝

大胆革新

1700年，为夺取波罗的海的出海口，彼得发动同瑞典的战争。战争初期，俄军惨败，大炮全部被瑞典缴获，几乎全军覆灭。

战争失利暴露了俄国的落后，彼得因此开始进行军事改革。他改募兵制为征兵制，组建了一支强大的龙骑兵和步兵。为了建立一支强大的波罗的海舰队，他在斯维尔河畔兴建了造船厂。

"彼得一世"胸章

彼得还针对俄国贵族议会的腐败无能，逐步剥夺大贵族的权力。他设立新的国家最高领导机关——参政院，取代旧的行政机构。随后，他颁布职官等级制度，把文武官员分成14等，不论其是否出身贵族，一律从最低一级做起。

证明已交纳蓄胡须税金的铜牌

彼得对旧社会风俗也进行大刀阔斧的改革。他发动了剪胡子运动，废除了通行数百年的下跪仪式；禁止穿长袍，一律改穿西服。他还下令开设工厂、办学校、创办报纸，进行文字改革，简化俄文字母……

彼得改革后，俄国军事力量日益强大，终于在1721年把瑞典的军队打败了，迫使瑞典签订了和约。俄国终于拥有了波罗的海的出海口。俄国参政院在这一年授予彼得"国父兼全俄皇帝"称号，彼得被尊为"彼得大帝"，俄国改称"俄罗斯帝国"。从此，俄国一跃成为欧洲强国。

俄国有崇尚胡须的风尚，把胡须看做是"上帝赐予的装饰品"，男子都留着大胡须。彼得大帝发动了俄国人的剪胡子运动。

自学成才的总统

华盛顿
WASHINGTON

人物档案
姓　名：乔治·华盛顿
生卒年：1732年~1799年
出生地：弗吉尼亚州威斯特摩兰县
国　籍：美国
身　份：总统

享有崇高威望的华盛顿总统

作为美国独立战争的领导者和组织者，华盛顿以他非凡的战略眼光和在逆境中无比坚强的意志，出生入死，将美国人民带入了一个没有殖民压迫的新世界。

诚实少年

乔治·华盛顿是英国一个古老家族的后裔。1657年，他的曾祖父约翰·华盛顿远渡大西洋，来到了北美洲英国殖民地弗吉尼亚。1732年2月22日，华盛顿在弗吉尼亚威斯特摩兰县的布里奇斯溪庄园的老屋里诞生。1738年，华盛顿全家迁移到弗雷德里克斯堡对面的弗雷农庄。华盛顿在此度过童年。

华盛顿是个非常诚实的孩子。大约在他6岁时，有一天，他得到了一把斧子，想试一试斧子的锋利程度，就去了父亲的果园，用斧子砍倒了一棵樱桃树。父亲发现后十分气愤，但面对愤怒的父亲，小华盛顿却主动承认了错误。父亲十分感动，说："虽然你砍了我的树，可是你已为它付出了一千倍的代价，你那诚实的行为胜过了一千棵树的价值。"

拉什莫尔山上的总统像

华盛顿　杰斐逊　罗斯福　林肯

自学成才

华盛顿一生几乎没有受过多少正规教育。幼年时期，父亲送华盛顿到家附近的一所学校接受一些初步教育。这所学校十分简陋，教书先生是父亲的一个佃户，名叫霍比。这位先生水平不高，只能简单地教一些识字和写算技能。

长大后，华盛顿师

从于擅长数学的威廉斯先生。在这位老师的影响下，华盛顿开始热衷于数学。可之后，华盛顿就再也没有接受正规的学校教育。华盛顿的知识主要是靠自学得来的。

13岁以前，他已经把各类商业文件、法律文件、汇票、期票、契约、债券等文书的格式都抄录成册。其间，他学会了律师们起草文件的技能，养成了商人们随时记账、毫厘不爽的习惯。这些技能及习惯使他终身受用。当时在北美殖民地，最重要的学科便是土地测量。他用心钻研并且彻底掌握了这一学科的知识。

1749年夏天，华盛顿被任命为政府土地测量员。几年的野外艰苦生活使华盛顿开阔了眼界，磨砺了意志，得到了一些书本上学不到的知识，同时还使华盛顿练就了一副强壮的体格，这对他以后的人生都产生了重大影响。后来，他用积蓄购买了土地，成了5907平方千米土地的所有者。

独立战争中，华盛顿率领大陆军与英殖民者展开了激烈的斗争。

走向军界政坛

当一名军人，是华盛顿的夙愿。1753年，华盛顿被弗吉尼亚行政当局任命为南区民团副官。这是华盛顿一生中的大转折，他从土地测量员变成了军人。

不久，英法两国为争夺北美殖民地角逐不息。华盛顿自告奋勇地请求参战，开始了他的军旅生涯。此后，他数次带队征战，很快被提拔为弗吉尼亚民团的总指挥，保卫殖民地的西部边境。在保卫边境的岁月里，华盛顿责己从严、恪守纪律、处事公道、赏罚分明，受到了边民的爱戴。

1773年，波士顿发生了震撼欧美的"倾茶事件"。英国殖民政府对此采取了严厉的镇压措施，北美人民争取民族独立运动的序幕由此揭开。

1775年6月15日，大陆会议任命华盛顿为美洲大陆军总司令。他统领着大陆军，在敌强我弱的情况下，以出奇制胜的战术不断给英军以打击。在取得班克山、萨拉托加及约克镇等一系列胜利之后，独立战争也以胜利告终。

美利坚合众国成立后，华盛顿作为第一任总统倾心倾力于治国理政的事务中，为美国的发展与强大做出了不朽的贡献。

1793年，华盛顿总统在第二任职期满后坚决拒绝担任第三届总统。在离职时，他发表了《告别辞》，其中写道："我希望你们的团结友爱能够永久。你们必须正确地估计全国的团结对于你们的幸福有无限的价值。"

出身最贫寒的美国总统

林肯
LINCOLN

人物档案
姓　名：亚伯拉罕·林肯
生卒年：1809年~1865年
出生地：肯塔基州哈丁县
国　籍：美国
身　份：总统

这个身高近两米、体重82千克、外表粗犷强硬、内心充满仁慈的男子汉就是亚伯拉罕·林肯。

他领导了拯救联邦和结束奴隶制的伟大斗争。尽管他仅受过一点初级教育,并且担任公职的经验也很少,然而,他那敏锐的洞察力和深厚的人道主义精神,使他成为美国历史上最伟大的总统。

勤劳善良的少年

林肯于1809年2月12日黎明出生在肯塔基州哈丁县霍尔以南约5千米的小木屋里。林肯小时候,家里很穷,没机会上学,只能每天跟着父亲在西部荒原上开垦劳作。9岁的时候,母亲去世,这对林肯来说是一个残酷的打击。幸而继母对他很好,常常督促他读书、学习。

林肯长大后,离开家乡独自一人外出谋生。他什么活都做,打过短工,当过水手、店员、乡村邮递员、土地测量员,还干过伐木、劈木头的力气活。但不管做什么,他都非常认真负责,诚恳待人。

一次,林肯伐木经过新奥尔良。在这里,林肯看到黑人奴隶戴着镣铐在棉田里干活,稍有不慎,就遭到奴隶主皮鞭的抽打。这种惨无人道的行为让富有正义感的林肯感到非常难过。几天后,他再次目睹奴隶贩子向奴隶主拍卖一个奴隶家庭的情景。这家黑人全都戴着手铐脚镣,就连小孩也不例外。一家人被卖给了不同的奴隶主,骨肉分离的凄惨场景给林肯留下了非常深刻的印象。

从这天起,林肯就决心要为消灭这个丑恶的制度而奋斗。

以演说为武器

林肯总共上了不到一年的学,但是他对政治却由衷地感兴趣。他愿意向任何人发表关于政治问题的演说。

林肯以演讲的方式号召人们"为自由而战"。

1830年，林肯一家迁居伊利诺斯州，在那里他第一次发表了政治演说。由于抨击奴隶制，提出一些有利于公众事业的建议，林肯在公众中有了影响，加上他具有杰出的人品，1834年他被选为州议员。两年后，林肯通过自学成为一名律师，不久又成为州议会辉格党领袖。1846年，他当选为美国众议院议员。

负责起草《解放奴隶宣言》的内阁

1854年，北方各州主张废奴和限制奴隶制的资产阶级人士成立了共和党，林肯很快成为这个新党的领导者。1856年，在共和党第一次全国代表大会上，林肯被提名为副总统候选人。

1858年，他发表了题为《家庭纠纷》的演说："一个分裂了的家庭不能持久，我相信这个政府不能永远维持半奴隶半自由的状态。"林肯的演说语言生动、深入浅出，表达了北方资产阶级的要求，也反映了全国人民的愿望，他也因此赢得了很大的荣誉。1860年，林肯作为共和党候选人，当选为美国第16任总统。

黑奴的悲惨境况

马克思曾经这样评价林肯："他是一位达到了伟大境界而仍然保持自己优良品质的罕有人物。这位出类拔萃和道德高尚的人竟是那样谦虚，以致只有在他成为殉道者倒下去之后，全世界才发现他是一位英雄。"

颁布《解放奴隶宣言》

林肯的当选对南方种植园主的利益构成了严重威胁。为了重新夺回他们长期控制的国家领导权，他们在林肯就职之前发动了叛乱，南北战争爆发。

最初，战争的目的是为了维护国家的统一，但随着战局的进展，就发展到如不解决奴隶问题就无法维护国家命脉的地步。在这样的情势下，林肯认定发表奴隶解放宣言的最好时机到了。于是他起草了《解放奴隶宣言》，并于1863年1月1日正式宣布了这篇宣言。

《解放奴隶宣言》使大部分奴隶获得了自由，同时也在一定程度上保证了南北战争中北方的胜利，从而为美国的统一作出了重要的贡献。

坚毅不屈的德国首相
俾斯麦
BISMARCK

人物档案
姓　名：奥托·冯·俾斯麦
生卒年：1815年～1898年
出生地：普鲁士勃兰登堡
国　籍：德国
身　份：首相

俾斯麦

人称"铁血首相"的俾斯麦，是普鲁士德国容克资产阶级最著名的政治家和外交家，德国近代史上一位举足轻重的人物，"从上至下"统一德国的代表人物。

压抑的求学时代

俾斯麦出生在勃兰登堡中心阿尔特马克区申豪森庄园的容克(资产阶级贵族)世家，2岁时他随家迁往波美拉尼亚的克尼普霍夫庄园。6岁那年，俾斯麦便被母亲送到柏林的普拉曼学校接受严格的教育。12岁以后他在柏林上中学。虽然，俾斯麦在中学读书期间表现出了特有的语言天赋，但学校刻板的教育管理方式以及那些新生资产阶级贵族子弟同学的排挤，令俾斯麦的学生时代过得非常压抑。

不羁少年的转变

1832年，17岁的俾斯麦进入哥廷根大学。这一阶段俾斯麦的反抗心理、叛逆性格明显暴露出来。在校园里，俾斯麦不仅腰佩长剑，而且还经常牵着一只大狼狗。对他这种有伤大雅的举止行为，别人不能说一个不字，更不能批评或取笑他，否则不论是谁，俾斯麦都要拔出长剑，与对方一决高低。

由于俾斯麦在哥廷根大学声名狼藉，入学一年半后，便转入柏林大学攻读法律。在柏林大学，他的放纵行为有所收敛，并开始广泛阅读书籍。

进入社会之后，俾斯麦的思想观念发生了巨大变化，萌生了从政的想法。于是俾斯麦回到出生地，专心致志地准备步入政坛的考试。这时的俾斯麦与大学时代的他判若两人，此时他每天只睡6个小时，余下的时间全部用于读书学习。

在法国凡尔赛宫，威廉一世(中)宣布自己为德意志皇帝，俾斯麦在其左前方。

这次备考非常成功,俾斯麦终于以优异的成绩考取了书记员的职务,在21岁时被派到德国西部的夏伯尔小镇任职。这是俾斯麦一生中的一次重大转折,他开始步入政界。

铁血手腕统一德国

普法军队交战的场面

1847年,俾斯麦成为普鲁士联邦议会的议员,这是他官场生涯的一大转折。1851年,俾斯麦进入外交界,任普鲁士驻法兰克福联邦公使。1859年,俾斯麦又任驻俄公使,1861年,改任驻法大使。在任期间,他看到德国的东西强邻俄国与法国都会妨碍德国的统一,而普鲁士的领导权也会遭到奥地利的反对,因此公开声言:"必须解散德意志联邦,把奥地利逐出德意志。"1862年9月,俾斯麦出任普鲁士首相兼外交大臣。几天后,他在普鲁士议会上就内部斗争问题宣称:"当代的重大问题不是用说空话和多数派决议所能解决的,而必须用铁和血来解决。"统一德国依靠"铁和血",即凭借武力,这是俾斯麦的纲领和信条。因此,他在历史上获得了"铁血首相"的称号。

正是俾斯麦的铁血政策决定了德意志统一的命运。

俾斯麦正是凭靠这种"铁血"策略,大胆而巧妙地利用国际纠纷和有利时机,先后于1864年、1866年、1870年挑起对丹麦、奥地利和法国的战争。强大的普鲁士在战争中利用一些有利因素取得了节节胜利,并驱兵直入巴黎。1871年,在巴黎的凡尔赛宫,普鲁士国王威廉一世宣布自己成为统一的德意志帝国皇帝,俾斯麦为帝国的首相。1871年以后,俾斯麦既是帝国首相又是普鲁士联邦首相,对内对外继续执行他的"铁血政策",推动德国经济的发展。

普军围困巴黎
1870年9月17日,在俾斯麦的挑动下,法国向德国宣战。拿破仑三世吹嘘说,这只是一次"到柏林的军事散步"。但他碰到的已不是昔日的普鲁士,而是一个比较强大的、坚决反对分裂的德意志民族。1870年9月2日,普军在色当战役取得对法国的决定性胜利,生俘了拿破仑三世。俾斯麦驱兵直入巴黎。1871年1月18日在凡尔赛宫,普鲁士国王威廉一世宣告德国统一,成立了德意志帝国。

印度人民的英雄

甘地
GANDHI

人物档案
姓　名：莫汉达斯·卡拉姆昌德·甘地
生卒年：1869年~1948年
出生地：卡提阿瓦半岛的波尔邦达尔
国　籍：印度
身　份：国大党领袖

甘地

印度民族解放运动的著名领袖。他提倡宽容，反对暴力。他领导印度人民与英殖民者进行斗争，为印度的民族独立做出了巨大贡献。

良好的家庭氛围

甘地出生于英国殖民统治桎梏下的印度，成长在一个虔诚信奉仁爱、不杀生、素食、苦行的印度教家庭。父亲忠于邦国，为官清廉，乐善好施。母亲很有修养，常出入土邦宫廷，熟悉国家大事，见多识广。虽然甘地全家都是印度教信徒，但他父亲却有许多信仰伊斯兰教、拜火教等其他宗教的朋友，这使他们家形成了不分宗教界限与其他教徒为友的民主氛围。这对甘地的成长有很重要的影响。

少年时代的甘地虽受当时革新之风的感染，曾经尝试打破素食习惯，以强身健体、振兴民族国家，但终因摆脱不了从小所受的教育，半途而废。

获益匪浅的南非之行

19岁时，甘地不惜冒着被开除种姓身份的危险，远涉重洋，赴伦敦求学。他接受了英国法制思想的教育，取得了伦敦大学的律师资格。学成归国后，他开始在孟买从事律师工作，却屡遭挫折。当时有个来自南非的印度人的案子需要甘地处理，他便踏上了前往南非的路途。

在南非这个种族歧视根深蒂固的英国殖民地，甘地作为有色人种先后遭遇了一连串的歧视与侮辱。民族自尊心和同胞在此所受的苦难驱使他走上了领导南非印度人反种族歧视斗争的道路，并

英国人在殖民统治下的印度过着奢侈的生活。

很快成为了引人注目的人物。正是在南非这块充满种族歧视的土地上，甘地对他曾经倾慕过的西方文明产生了否定，培养和锻炼了自己从事公众工作的能力，掌握了做一个成功律师的秘诀，初步形成了自己的宗教观、人生观、社会政治观。

甘地

为印度独立而斗争

1915年，甘地回到印度，然后乘车游历印度各地，以深入了解久别的祖国。一年以后，他开始发表演讲，宣传自己的主张，从事非暴力斗争，试验并发展了非暴力学说。1919年3月至4月间，为抗议反动的《罗拉特法》，他发起全国性的非暴力抵抗运动。1922年2月，因运动中出现暴力事件，甘地宣布停止第一次非暴力不合作运动。这次活动挫伤了群众的士气，引起国大党内的思想混乱，甘地也身陷囹圄。

甘地出狱后致力于重振民心士气。1929年12月31日，国大党拉合尔年会通过争取印度独立的决议，并授权甘地领导新的不合作运动。1930年3月，甘地率领78位志愿队员开始"食盐长征"，揭开了第二次非暴力不合作运动的序幕，给英殖民主义者以巨大打击。

1939年9月，第二次世界大战爆发。英国代表印度宣战后，甘地的极端非暴力立场与国大党领导机构的有条件支持战争的主张发生尖锐冲突，以致他两次被免职。后又因英国政府不肯满足国大党的要求，国大党两次请甘地复出。1942年4月，在印度国内广大群众反英情绪高涨和日本侵略者迫近印度的形势下，甘地提出了"英国退出印度"的口号，并先后发起了第三次和第四次不合作运动。两次不合作运动均被英国殖民者镇压下去，甘地也再次入狱。

第二次世界大战结束后，处于内外交困的英国政府慑于印度民族解放运动再起的压力，同意印度独立，但因印度教与穆斯林教的分歧对立由来已久，印度出现印、巴分治的局面。分治以后宗教仇杀与社会混乱的局面令甘地殚精竭虑。甘地再次凭借自己的威望平息了大规模教派仇杀，然而最后他却成了教派冲突的牺牲品。1948年1月30日，甘地被一个极端分子枪杀。

1931年的伦敦圆桌会议。甘地在会上提出给予印度自治领地的要求，但遭到英国政府的拒绝。

人物档案

原　名：弗拉基米尔·伊里奇·乌里扬诺夫
生卒年：1870年~1924年
出生地：辛比尔斯克
国　籍：俄国（苏联）
身　份：工农苏维埃政府人民委员会主席

列宁

无产阶级革命导师
列宁
LENIN

俄国十月革命的伟大领袖，马克思、恩格斯事业和学说的继承和发展者，苏联共产党的创始人，苏维埃社会主义共和国联盟的缔造者。

立志于革命

列宁出生于俄国伏尔加河畔的辛比尔斯克一个知识分子的家庭。父亲具有民主主义思想，并且担任省国民教育视察员；母亲富有学识，对贫苦的劳动人民非常富有同情心。他们都十分注意教育列宁从小要做一个正直的人。

从列宁小时候起，父亲就要求他要专心致志地学习，并亲自检查他的作业。父亲终日勤奋工作对列宁影响很大。列宁继承了父亲的一些优秀品质——精力充沛，有毅力，能全心全意地献身于工作，有高度的责任感、远大的目光，能体谅别人等。

1887年，从圣彼得堡传来消息，列宁的哥哥萨沙因参与谋刺沙皇亚历山大三世而被判处了绞刑。列宁受到极大的震动，他从这件事上深刻认识到：只有推翻整个专制制度，而不是刺杀一两个沙皇，才能彻底消灭这个建立在压迫和仇恨基础之上的社会制度。

成长为共产主义者

1887年，中学毕业后，列宁进入喀山大学法律系学习。这一年对列宁的整个思想产生了深刻的影响，他成为一位积极的革命者，经常和有着先进革命思想的同学一起探讨革命问题。后来，他因参加学生运动而被捕、流放。1888年，列宁回到喀山后加入了当地的一个马克思主义小组，并成为小组的积极分子，开始初步形

列宁会见来访的农民。

成马克思主义世界观。

1892年，列宁组建了一个马克思主义小组，在伏尔加河一带传播马克思主义。列宁将理论与实际结合起来，一方面系统地钻研马克思的著作，将《共产党宣言》译成俄文，便于传阅；一方面进行社会调查，写下了他的第一本著作——《农民生活中新的经济变动》。这一时期的列宁已由一个民主主义革命者转变成共产主义者。

1893年初，列宁来到俄国政治和工人运动的中心圣彼得堡，开始组建马克思主义政党。1895年秋，他将圣彼得堡所有马克思主义小组合并为"工人阶级解放斗争协会"。这一年的12月，列宁被捕。1897年2月，他被流放到西伯利亚东部叶尼塞河畔的舒申斯克村。在艰苦的条件下，列宁仍然进行大量的理论研究，写了30多部革命论著。1900年，列宁流放期满后出国。在国外，他创办了《火星报》，积极宣传马克思主义的建党学说。

列宁和布尔什维克党员在圣彼得堡。

在这样的大家庭里，列宁（右一）感受到了真挚的爱。

推翻沙皇专制统治

1905年，俄国第一次资产阶级民主革命爆发，列宁领导布尔什维克党制定了以马克思主义为指导的革命路线。同年的11月，列宁回国直接领导革命斗争。但武装起义遭到失败，列宁又开始了长达十多年的第二次流亡生活。

1917年3月，俄国二月革命推翻了沙皇政权，资产阶级掌握了政权。4月4日，列宁提出了著名的《四月提纲》，指出沙皇专制制度的推翻标志着资产阶级民主革命的完成，现在进入革命的第二阶段——社会主义革命阶段，即推翻资产阶级临时政府，建立苏维埃共和国。列宁回到国内，积极对广大工人阶级和群众进行教育和宣传，组织力量为夺取政权做好准备。7月，在临时政府的迫害下，列宁所进行的革命活动被迫转入地下。

俄历十月二十四日（11月6日），列宁写信给中央委员们，要求当晚立即发动起义。第二天，由无产阶级领导的俄国十月社会主义革命取得了胜利，第一个社会主义国家成立了。

列宁在圣彼得堡群众集会上发表演说。

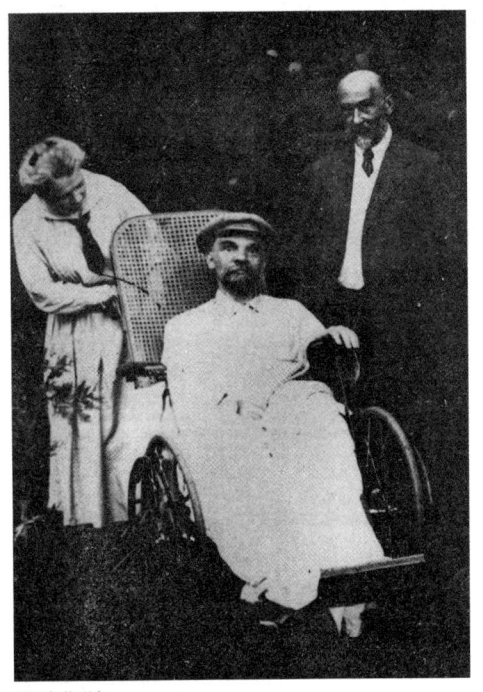

1923年的列宁。

列宁

革命胜利后,列宁当选为第一届苏维埃政府主席,他领导人民粉碎了帝国主义的三次武装进攻和国内的叛乱,使苏俄的经济建设逐步走上正轨。

战后全面复兴

十月革命胜利后,俄国进入了新的历史时期,以列宁为首的布尔什维克党领导俄国人民经过浴血奋战,彻底打败了资产阶级的武装干涉,镇压了白卫匪帮的叛乱,巩固了苏维埃政权,并及时总结了经验教训,把党和国家的工作重心转向经济建设,制定了适合苏联国情和符合经济规律的新经济政策。

列宁坚信苏联有一切必要的和足够的条件建立社会主义社会。在他的领导下,苏联政府拟定了纲领性的苏联电气化计划,提出了社会主义工业化的任务,以奠定社会主义的物质基础;拟定了通过农业合作社和农业机械化以改造分散的小生产者,并吸引他们参加社会主义建设的计划。

列宁高度重视文化教育工作,他把发展文化教育、进行文化建设规定为时代的主要任务。他强调说:"在一个文盲的国家内是不能建成共产主义社会的。"列宁所说的文化建设包括扫除文盲、普及文化知识、提高文化水平,造就经济建设及其他方面的专门人材、提倡共产主义道德风尚,改变愚昧不文明等广泛的任务。

列宁是发扬社会主义民主、克服官僚主义的积极倡导者。他对苏维埃国家机构中的拖拉作风、文牍主义深恶痛绝,认为它是阻碍社会主义事业前进的"敌人"之一。列宁是改革国家机关的推动者,在他看来,要有效地克服官僚主义,就必须改革国家机关,使其密切地联系群众,选拔优秀的工人、农民和知识分子到重要的经济岗位上去。列宁还主张建立起明确的职责和民主检查、监督制度,对于因官僚主义造成重大损失者,应分情况给予处分。

在列宁的正确思路引导下,苏联的经济建设逐步走上正轨,发展为与美国相并肩的超级大国。

[第二章]

军事统帅

在漫长的岁月长河中,战争总是与社会文明的发展相伴相生,而战争的时势总能造就出一批通过战争改写人类历史的卓越军事统帅。亚历山大率军万里东征,汉尼拔创造战争神话,恺撒为罗马帝国开疆拓土,拿破仑金戈铁马征战欧洲,巴顿指挥铁甲军大战纳粹,蒙哥马利谨慎出击,艾森豪威尔运用外交手腕统帅百万之众,朱可夫在卫国之战中成为德军的克星……他们雄才伟略,骁勇善战,叱咤风云,他们卓绝的作战指挥艺术成为宝贵的军事财富。翻开本章,您能领略到统帅们的飒爽英姿、卓尔不群的领军作战才能和充满智慧的军事战略思想。

人物档案

姓　名：亚历山大
生卒年：公元前356年～前323年
出生地：佩拉
国　籍：马其顿帝国
身　份：国王

亚历山大头像

梦想征服世界的霸主
亚历山大大帝
ALEXANDROS

欧洲历史上最伟大的军事天才，马其顿帝国最负盛名的征服者。他雄才伟略，骁勇善战，领军驰骋欧亚非大陆，使得古希腊文明广泛传播。

雄心少年的成长

亚历山大是古希腊马其顿国王腓力二世的儿子。亚历山大少年时，就有无穷的征服欲望。年少的他凭借胆略驯服了无人敢靠近的骠马布斯法鲁斯。看到亚历山大的过人胆略，父亲决心加强对亚历山大的培养，他专门请来希腊著名哲学家亚里士多德为儿子授课。

亚历山大13岁起，有幸得以与这位历史上最伟大的贤哲朝夕相处。亚里士多德不仅给亚历山大传授了哲学、科学等方面的知识，而且还培养了他对国家和民族的崇高信念。亚历山大在跟随亚里士多德学习的期间，养成了善于思考、手不释卷的习惯。

同时随着年龄的增大，他还不时地流露出急于建功立业、征服世界的欲望。每当传来他的父王腓力二世出征胜利的消息时，他就会叹息："我父亲什么也不会留给我了！"

三年的学习时间过去了，亚历山大已长成了一个健壮、英俊的青年。他体格匀称，肌肉发达，擅长投掷、赛跑、骑术、摔跤、游泳、格斗，具有一名优秀的希腊战士所应该有的全套本领。十六岁这一年，他离开了导师亚里士多德，开始随父四处征战，在战争中学习指挥战争的艺术。

亚历山大擅长使用方阵战术。他命令自己的步兵手持长矛，组成密集的步兵方阵。方阵的右翼由盾牌手防护，前方则由骑兵充当前锋。这种方阵只能前进不能后退，具有极强的攻击力。

远征之行

公元前336年,腓力二世去世,20岁的亚历山大登上王位,并开始了征服世界的征程。

公元前334年,亚历山大开始了远征东方的行动。行前,他把自己的所有地产收入、奴隶和畜群分赠给人。一位大将迷惑地问道:"请问陛下,您把财产分光,给自己留下什么?"亚历山大说:"希望!我把希望留给自己,它将带给我无穷的财富!"将士们被亚历山大的雄心所激励,他们决心追随他到东方去掠夺更多的财富。

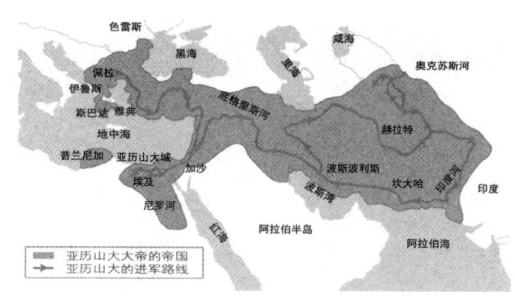

亚历山大统治下的马其顿帝国

公元前326年的希达斯佩战役,亚历山大以寡敌众激战印度军。

亚历山大率领联军首先占领了小亚细亚半岛。第二年,亚历山大又挥师南下,攻打叙利亚,与波斯军会战于伊苏,大败波斯军。

公元前332年,亚历山大占领了埃及,旋即挥师北上,进攻巴比伦。在底格里斯河岸的高加米拉战役中,波斯军被彻底击溃,巴比伦和苏撒先后沦亡。公元前330年春,亚历山大又占领了波斯旧都帕赛波里斯,波斯帝国至此灭亡。

后来,亚历山大还进军中亚细亚,南下入侵印度。由于所到之处的民众反抗,以及士兵的厌战情绪空前高涨,亚历山大才不得不停止远征,于公元前325年返回新都巴比伦,历时十年之久的东征到此结束。

骑着战马布斯法鲁斯的亚历山大

卓越战术

亚历山大征战10年,建立起地跨欧、亚、非三洲的大帝国。他作为一代军事英才,发展了古希腊的军事体制和方阵战术,创建了既能骑马又能徒步作战的"龙骑兵";在诸兵种的运用中,他擅长用骑兵作战以及陆海军协同作战;在选定进军路线、编制战斗队形、作战指挥和后勤保障等方面,他也都有着独特的做法。这些军事才能使他赢得了一场又一场的战役,让他的东征之行所向披靡。

人物档案

姓　名：汉尼拔
生卒年：公元前247年~前183年
　　　　（或前182年）
出生地：北非突尼斯的东北部
国　籍：北非古国迦太基
身　份：将军

汉尼拔

军事战略之父
汉尼拔
HANNIBAL

迦太基著名的军事统帅。他用兵如神，在劣势下多次战胜罗马军，令罗马人一提起他就胆战心惊。

与罗马人为敌

汉尼拔出生于一个迦太基军事贵族家庭。他的父亲哈米尔卡是迦太基著名的将领，是布匿战争期间驻扎在西西里军队的重要指挥员，以英勇善战著称。汉尼拔是哈米尔卡的长子，他的两个弟弟也是迦太基著名的军事将领。

公元前237年，迦太基政府派遣哈米尔卡率军渡海侵入西班牙。在离开迦太基前，哈米尔卡带着汉尼拔来到朱庇特神殿敬献了牲畜。当神圣的仪式结束时，父亲站了起来，走到儿子的身边，慈爱地问他："孩子，你愿不愿意和我去兵营？"汉尼拔迫不及待地答应了。父亲看到儿子这样坚决，从心底里升起了一种快慰，于是把儿子带到祭坛前，命令他对神发誓："等我长大成人之后，定要与罗马势不两立！"这句誓言也成为汉尼拔终身不渝的追求目标。

具有迦太基风格的大理石浅浮雕

成为统帅

公元前228年，哈米卡尔去世。汉尼拔从西班牙返回迦太基继续求学。公元前224年，接替父亲职位的哈斯德鲁巴尔又把汉尼拔召回西班牙，任命他为骑兵统帅。任职期间，汉尼拔十分勤勉，他不仅学会了屯兵与实战的军事技术，而且掌握了用兵与领导的本领。

迦太基战士使用的镀金盔甲

公元前221年,哈斯德鲁巴尔遇刺身亡,全军推举汉尼拔为他的继承人。

多年的军营生活,培养了汉尼拔坚韧不拔的毅力和吃苦耐劳的精神。在担任统帅期间,他恪尽职守,尽职尽责,在军中,人们常常看到,他盖着一件野战短氅,与前哨部队及哨兵们席地而卧。他的服饰与军中将士毫无区别,只有两样东西引人瞩目,那就是他的坐骑与宝剑。无论是骑术还是行军,他都稳当军中魁首。在无数次战斗中,他都是率先冲入敌阵,殿后退出战斗。他的所作所为,使他当之无愧地受士兵的爱戴,得到迦太基元老院和人民大会的认可。

汉尼拔领导的队伍是一支雇佣军,并且处于装备不良、物资供应不足的状态。在如此逆境中,汉尼拔以无畏的气概和百折不挠、坚韧不拔的精神,以高超的战略智谋,取得了一次又一次的军事胜利。

向罗马进军

汉尼拔上任后,就积极准备对罗马的战争。首先他率军进攻富足的萨贡托城。萨贡托城遭到突然袭击后,急忙派使者前往罗马求援。于是在公元前218年,罗马向迦太基宣战。

罗马军本打算兵分两路:一路从西西里进攻迦太基本土;一路从西班牙登陆,以牵制汉尼拔的军队。可汉尼拔却惊人地避开了罗马军队的主力,冒着极大的危险,率领大军,从小道翻越了人迹罕至的阿尔卑斯山,攻入意大利本土,出其不意地给了罗马军队一个沉重的打击。

公元前217年6月,汉尼拔采取迂回战术,在意大利中部的特拉西梅诺湖畔设下埋伏,将罗马军引进了三面环山、一面临湖的峡谷中,在不到3个小时的时间里,罗马军便溃败了。公元前216年8月,两军又在坎尼交锋。经过12小时的激战,罗马军大败。

由于长年征战,孤悬敌后,加上迦太基当局无心支持汉尼拔,造成汉尼拔后方空虚、补给不足,终于在公元前202年的扎马一战中败北。自此汉尼拔的军事生涯宣告结束。后来,汉尼拔被迫流亡海外。公元前183年,抑郁的汉尼拔服毒自尽,结束了他辉煌的一生。

汉尼拔不畏艰辛,率军越过阿尔卑斯山天险,犹如天降神兵一般攻入罗马境内。

古罗马的战神

恺撒
CAESAR

人物档案
姓　名：盖乌斯·尤利乌斯·恺撒
生卒年：公元前100年~前44年
出生地：北非突尼斯的东北部
国　籍：古罗马
身　份：终身独裁官

恺撒头像

古罗马著名的军事家、政治家，同时也是一位杰出的作家和雄辩家。他建立了强大的罗马帝国，他的名字"恺撒"被后世帝王们尊用为头衔。

初露锋芒

恺撒出生于罗马古老而著名的贵族世家，父亲曾任亚细亚行省总督，在他15岁时去世。恺撒少年时期就有非凡的抱负和志向，幻想拥有权力和荣誉。在那个时代，政治家论政的核心策略就是雄辩术，一个不善雄辩的人是当不了政治家的。为此，他孜孜不倦地学习，拜米隆的儿子、著名的雄辩家——阿波洛尼奥斯为师。从那时起，在人们眼里，恺撒就已是个博学多才、卓尔不群的人。为了从当时最优秀的教师那里获得教益，恺撒孤身一人远离罗马，不辞劳苦，长途跋涉求学。途中他不幸遭到海盗劫持。但当海盗向恺撒索要750千克贵金属作赎金时，恺撒坦然一笑，高声说他的价值远远高过这个数目。在等待这笔赎金期间，恺撒不得不同海盗生活一段时间，他对海盗开玩笑说一旦获释定要报仇雪耻。当恺撒被家人赎回后，他就立即装备了一支舰队，捕获了劫持他的匪徒，并将他们统统钉死在十字架上。

恺撒纪念章

角逐政坛

恺撒生活的时代，正是罗马奴隶制社会各种矛盾激化、共和国发生严重政治危机的时代。当时罗马政治舞台上的风云人物有代表元老贵族派的首领苏拉和代表商人贵族和平民利益的首领马略。马略是恺撒的姑父。在马略的提携下，恺撒13岁时当选为朱比特神的祭司。

公元前86年，马略病故，苏拉掌权。苏拉上台后对年轻的恺撒采取了打

浮雕中刻着罗马士兵作战的情景。一个罗马军团拥有5000个士兵，而古罗马就拥有数十个这样的兵团，因而军事力量非常强大。

击的手段。为了躲避苏拉的迫害，恺撒不得不漂泊流浪，辗转于比提尼亚、基利基亚等地。公元前78年，苏拉病死，恺撒才返回罗马。

公元前68年，恺撒的姑母尤利娅（马略的妻子）去世。送葬时，恺撒公然抬出了马略像，这是自苏拉宣布马略为"公敌"之后，马略像首次在公共场合出现。恺撒的这一举动在社会上引起很大震动，他的坚毅勇武赢得了人们的赞许。

恺撒征服高卢。

公元前62年，恺撒任大法官，随即又被选为行政长官。行政长官任职期满后，又出任西班牙总督。在西班牙任职期间，恺撒率军征服了一些部落，扩大了罗马的疆域。公元前60年，恺撒载誉回到罗马，同年，恺撒与克拉苏、庞培结成秘密的"前三头同盟"，反对元老贵族。在同盟庞培和克拉苏的支持下，公元前59年，恺撒当选为执政官。

执政官期满后，恺撒又出任高卢总督，并先后对高卢进行了8次远征，使整个高卢地区臣服于他。

公元前53年，克拉苏死于帕提亚的战争中。随后，恺撒与庞培公然决裂，并于公元前48年6月，在希腊境内的法萨卢展开大战。庞培战败后逃往埃及，途中被人杀死。恺撒为追庞培入埃及，后又转战小亚细亚。公元前46年，恺撒班师回罗马，被推举为"终身独裁官"。至此，恺撒终于完全掌控罗马共和国的政权。

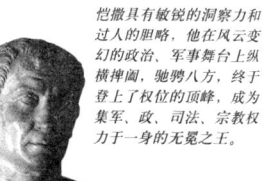

恺撒具有敏锐的洞察力和过人的胆略，他在风云变幻的政治、军事舞台上纵横捭阖，驰骋八方，终于登上了权位的顶峰，成为集军、政、司法、宗教权力于一身的无冕之王。

军事谋略

恺撒善于政治手段与军事手段并用，分化瓦解和各个歼灭敌人；他善于搜集和利用军事情报以把握战机；在兵力部署上建立了预备队，增大了战斗队形的纵深和稳定性；在作战目标的选择上做到避强击弱；作战方法的应用上是力求勇猛进攻，各个击破。恺撒高明的军事策略使得他能够屡创以少胜多的战绩。

人物档案

姓　名：拿破仑·波拿巴
生卒年：1769年~1821年
出生地：科西嘉岛阿雅克修城
国　籍：法国
身　份：皇帝

身着法国皇帝装束的拿破仑

1797年5月,拿破仑率领一支35000人的军队远征埃及,企图从那里攻打英国。

1815年3月,拿破仑利用法国人民对复辟王朝的不满情绪,潜回法国,重新执政百日。欧洲各国拼凑了第七次反法联盟,6月于滑铁卢再次击败拿破仑。图为惨烈的滑铁卢战役场景。

战争之神
拿破仑
NAPOLEON

法兰西帝国的缔造者,著名的法国资产阶级军事家和政治家。他率领法军征战欧洲,一度成为欧洲的主宰。

好学的孤僻少年

拿破仑出生于法国科西嘉岛阿雅克修城的一个贵族家庭。与其他兄弟姐妹不同的是,拿破仑从小性格孤僻、沉默寡言。1779年,10岁的拿破仑被送到了布里埃纳军校去学习。在这里,内向的拿破仑不但要面对严格的纪律、枯燥乏味的功课以及平庸的老师,还要忍受同学们对他这个身材矮小、行为古怪的外乡佬的欺侮和嘲笑。

为了改变这一局面,小拿破仑全力以赴地学习。他迷上了数学,因为他喜欢进行精确的研究和探讨抽象的问题。他还喜欢历史与地理。这两门课程使他知道了马其顿的亚历山大大帝、古罗马的恺撒大帝,使他满脑子想的是爱国主义与英雄主义。他崇拜世界历史上这些伟大而杰出的人物。

一年多的时间过去了,拿破仑顽强的性格终于赢得了几位教师的称赞,也化解了同学对他的偏见和敌意。他的身边开始聚集一些拥戴者,他们没事就一起议论天下大事。拿破仑的观点往往一鸣惊人,这使同学们对他充满了崇敬之情。

在战争中成长

1789年7月,法国大革命爆发,拿破仑参加了大革命。1791年,他被任命为炮兵上尉。1793年,法国革命政权在内外敌人的夹攻下岌岌可危。雅各宾党人指派他前往攻打南部重要海防城市土伦港。这一战役初步显示了他的军事才能。他采用大炮突破,烧毁敌舰,断其后路，最后用步兵迂回作战的方案取得了最终的胜利。

1796年2月，拿破仑被任命为法国远征意大利方面军的总司令。

1799年冬，拿破仑发动政变，当上了法国第一执政。拿破仑上台后，凭借其非凡的军事才能和法军的优势同反法联盟进行了一系列战争。其中，尤以第三次反法同盟的战役最为经典。1805年，英、俄纠集第三次反法联盟。拿破仑率大军迎战，并于11月占领维也纳。12月初，拿破仑在维也纳以北的奥斯特利茨大败俄、奥联军。奥地利被迫议和，第三次反法联盟瓦解。

1806年9月，英国伙同俄国、普鲁士、瑞典结成第四次反法联盟。10月10日，法军在耶拿大败普军，10月27日占领柏林，普鲁士投降。1807年，俄国也被打败。同年，拿破仑占领了葡萄牙和西班牙。1808年1月，英、奥结成第五次反法联盟。这年5月，拿破仑就攻下了维也纳。7月，在瓦格拉姆（距维也纳东北18千米）的决战中又大败奥军。10月，第五次反法联盟破产。

1812年6月，拿破仑率42万大军进攻俄国，法俄战争爆发。9月中旬，法军进入莫斯科。由于拿破仑掠夺和压迫俄国人民，由此引起俄国人民的反抗，侵俄战争失败。这一战争也成了拿破仑军事生涯由盛到衰的转折点。

拿破仑第二次退位后被放逐到南大西洋的圣赫勒拿岛，在岛上拿破仑度过了人生中的最后6年。图为流放时在"凤列洛凤"号的拿破仑。

战略战术

战争为拿破仑带来了他所想要的，为他赢得了不朽的声誉。他一生指挥了大小会战50余次，赢得35次胜利。他在作战中善于实施迂回和机动，在决定性的时间和地点集中优势兵力，以坚决的进攻歼灭敌人的有生力量；惯于采用纵队与散兵相结合的战斗队形，组织步、骑、炮兵协同，一旦突破敌阵地，立即组织骑兵实施追击，力求通过一两次决战击败敌人。拿破仑的军事战术创造了辉煌一时的胜利，这些战术被后来的军事家广泛深入地学习研究并采纳，影响深远。

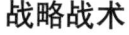

人称"战争之神"的拿破仑，凭着自己的聪明才智和辉煌的战功名震欧洲。

血胆将军 巴顿 PATTON

人物档案
姓　名：小乔治·史密斯·巴顿
生卒年：1885年～1945年
出生地：加利福尼亚州圣加夫列尔
国　籍：美国
身　份：陆军四星上将

巴顿

美国杰出的军事将领，二战中的功臣。他作战勇猛顽强，重视坦克作用，强调快速进攻，在军队中享有盛誉。

好冒险的少年

巴顿于1885年11月11日出生在美国加利福尼亚州南部的一个富裕的军人世家。巴顿家有个大牧场，深受父母和姑母宠爱的巴顿在这里度过了他欢乐的童年。他很小的时候与其他男孩一样，喜欢拿着玩具武器冲杀、爬上树去"侦察敌情"。他在牧场里练就了精湛的骑术，也形成了粗鲁、豪放的性格。除了好玩，巴顿还喜爱听故事。姑母常给巴顿朗读一些描写惊险军事战斗的故事，如《十字军的故事》、《三个火枪手》等。这不仅拓展了巴顿丰富的想象力，而且培养了他的骑士气概和冒险精神。他从小就埋下了以后能成为一名冲锋陷阵的军人的愿望。

巴顿开朗而幽默，并且兴趣广泛。

巴顿最喜欢的一句军事用语是"最坚固的铁甲和最稳固的防守是不断地进攻"。他的作战风格是勇猛顽强，指挥果断，善于发挥装甲兵优势，实施快速机动和远距离奔袭。

军中的"剑术大师"

巴顿18岁时进入祖父和父亲曾学习过的弗吉尼亚军事学院，一年后又被保送入著名的美国陆军军官学校——西点军校。在学校，他认真研读军事史、战略和战术等方面的书籍，并一丝不苟地苦练队列操练的要领，这使他无论站立还是行走，都具有军人气概。他还擅长田径和击剑，只要是能够提高军事技术并使身体健美的体育活动，他都乐意参加。

1912年，巴顿参加了斯德哥尔摩的现代五项竞赛，在43名参赛者中名列第五。在归国途中，巴顿又绕道法国练习剑术，次年又到欧洲研究剑术，获得了"剑术大师"的称号。

驰骋疆场

第一次世界大战爆发后，巴顿随美国远征军总司令潘兴到了法国。1917年，巴顿率领自己组训不久的坦克旅参加了圣米耶尔和阿拉贡战役。

在1941年12月7日珍珠港事件爆发之后，美国对德、日、意宣战。1942年11月，巴顿奉命率领美国特遣队4万多名官兵横渡大西洋，在法属摩洛哥海滨登陆。经过数小时的激战，迫使驻摩洛哥的德军投降，北非登陆成功。

1943年初，退败到突尼斯的德军将领隆美尔为阻止盟军反攻，指挥轴心国军队向美军第2军抢先发起进攻，结果美军大败。3月5日，巴顿临危受命，被调往突尼斯接任被隆美尔击败的美第2军军长。他从到达第2军的那天起，便整顿军纪，迅速改变了全军涣散的状态。3月17日，面目一新的美第2军向德军发起进攻，很快与英军在突尼斯北部完成了对德军的合围。

1944年6月6日，诺曼底登陆战打响，巴顿率领下的第3集团军作为第二梯队登陆后，他将第3集团军编成若干坦克群，他先派一个军向西发展，攻占了布勒斯特；另派一个军去攻占东面的布列塔尼首府雷恩，该军接着又夺取了东南方的翁热；还有一个军挥师东进，占领了翁热东北的勒芒。这样，巴顿的军队以猛烈的进攻和迅速的推进，打破了德军在诺曼底地区的防御，把局部性战役变成了全面的运动战。

1944年12月16日，德国集结了25个师在阿登地区对盟军发动了突然反攻，美第1集团军猝不及防，被德军突破了防线，德军推进50千米。12月22日，巴顿奉命支援被围困在巴斯托尼的美军，击退了德军对该城的围困。

1945年3月，巴顿率军突破"齐格菲防线"，再次抢在蒙哥马利之前渡过了莱茵河，消灭了河西的德军。1945年5月初，巴顿的第3集团军一直推进到奥地利边境方才停止。在9个月的推进过程中，巴顿部队歼敌140余万，取得了惊人的战果。巴顿的军事行动为击败纳粹立下了大功。

二战期间巴顿铁甲军团大量使用的"谢尔曼"坦克。

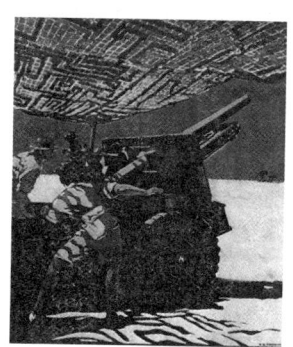

激励驻北非盟军部队的宣传画

巴顿治军严谨，注重军人的仪表仪容。

阵地战大师
蒙哥马利
MONTGOMERY

人物档案
姓　名：伯纳德·劳·蒙哥马利
生卒年：1887年~1976年
出生地：伦敦肯宁顿
国　籍：英国
身　份：元帅

蒙哥马利

英国陆军元帅，人称"捕捉'沙漠之狐'的猎手"。他在二战中出色的领军作战表现，为世界反法西斯战争的胜利做出了重大贡献。

少年的转变

蒙哥马利于1887年出生在伦敦肯宁顿区板球场圣马克教区牧师寓所。父亲是该教区的牧师。母亲是一个意志坚强、性格刚毅的女人，她对孩子实行严格管教，这对蒙哥马利日后的戎马生涯影响颇深。1889年，蒙哥马利的父亲被任命为澳大利亚塔斯马尼亚的主教。全家便搬到那里住了12年。

1901年，蒙哥马利随父母返回伦敦，并于次年1月进入圣保罗学校读书。他爱好体育运动，迷上了橄榄球和板球运动。但在学业方面，他却成绩不佳。在圣保罗学校待了3年后，校方给他的评语是：他是个与年龄不相称的落后学生，还加上"该生要上桑赫斯特英国皇家军事学院，把握不大，必须努力学习"。这一评语对蒙哥马利产生相当大的震动。从此他开始潜心学习，并于1907年考上了桑赫斯特英国皇家军事学院，实现了他想当一名军人的愿望。

1908年，蒙哥马利正式从军事学院毕业，并被分到皇家沃里克郡团。

军功显赫的蒙哥马利元帅

阵地战大师的成长

1914年，第一次世界大战爆发，蒙哥马利所在团作为英国远征军的一部分开赴法国前线。10月，他参加了对德战役。在一次战斗中，他的胸部和腿部中弹负伤。伤愈后，他随部队再次奔赴法国前线。到一战结束时，蒙哥马利30岁，战争使他迅速成熟起来。

1920年1月，蒙哥马利获准入坎伯利参谋学院深造，在这里，他开始形成自己的军事思想。1926年至1934年间，他先后在坎伯利参谋学院和奎达参谋学院任教官。执教期间，他发表《步兵训练教范》等著述，较系统地叙述了他的军事思想。

第二次世界大战爆发后，蒙哥马利率第3师随同英远征军横跨英吉利海峡，进入法国。1940年5月，德军闪击西欧时，他与法、比军队并肩作战，后被迫随英远征军从敦刻尔克撤回英国。

1942年7月，北非沙漠中的英国第8集团军，被"沙漠之狐"隆美尔的德国非洲军团击败，退守在埃及境内的阿莱曼地区。在英军濒临崩溃之际，丘吉尔于8月命蒙哥马利接任第8集团军司令，与隆美尔对阵。他临危受命，经过一段时间准备，于10月至11月间向德军发动了阿莱曼战役，一举击溃隆美尔的非洲军团，扭转了北非战局。随后，他挥师乘胜追击，协同美军将德、意军队围歼于突尼斯。他由此声誉大振，被人们称为"捕捉'沙漠之狐'的猎手"。

蒙哥马利检阅在北非作战胜利后的英军。

策划盟军进军欧洲行动的将领合影。艾森威尔将军居前排中间，蒙哥马利将军居前排右边。

1943年7月，蒙哥马利率第8集团军与美国的巴顿将军协同作战，在西西里岛登陆，一道进攻意大利。1944年6月6日凌晨，盟军发动诺曼底登陆进攻，蒙哥马利负责全盘指挥地面战斗。6月12日，盟军在诺曼底的几个滩头连成了一条阵线。8月19日，盟军消灭了陷于莫坦东面的残敌，诺曼底战役最终取得了决定性的胜利。随后蒙哥马利转战西北欧，参与指挥了沙纳姆战役和阿登战役。1945年3月，蒙哥马利率英美联军强渡莱茵河，之后便日夜兼程，向波罗的海进发。5月，驻荷兰、德国西北部和丹麦的150万德军向蒙哥马利投降。

蒙哥马利是一位谨慎、彻底的战略家。在他看来，作战计划要慎而又慎，遇险时要及时化夷，胜利时注意节制，这是一个指挥员的指挥要旨。他良好的职业修养以及镇静自若、潇洒果断的指挥风格令他在二战中取得了一系列反法西斯战役的胜利。

1960年5月27日，毛泽东主席在上海会晤蒙哥马利。

盟军领袖

艾森豪威尔
EISENHOWER

人物档案
姓　名：德怀特·戴维·艾森豪威尔
生卒年：1890年～1969年
出生地：德克萨斯州
国　籍：美国
身　份：五星上将、总统

艾森豪威尔

杰出的军事家、政治家和外交家。沉着、稳健、朴实、勤奋的他从二战盟军总司令、五星上将到美国总统，将奋斗的每个历程都写进了史册中。

命运的转折

艾森豪威尔童年的家庭生活异常贫苦。他和几个兄弟平常穿的都是些破旧的衣服，甚至包括母亲的旧鞋子，因此，他们常常被其他孩子取笑。但他们个个都善于打架，能迅速地用拳头算账，并且兄弟间彼此支援。

在少年时代，艾森豪威尔最大的创伤经历是15岁时因擦伤膝盖而患了败血症。当时医生建议截肢，但执拗的艾森豪威尔坚决反对，声称宁死也不愿成为瘸子，他的父母只得同意采取不那么极端的治疗方法，寄希望于奇迹。奇迹果然发生了，他战胜了疾病，他的健康开始慢慢地得到恢复。

少年时的生活培养了艾森豪威尔和善、坚毅、顽强、好斗的性格。机灵的他学会了很多东西，像驾舟、撒网、打扑克，都是他的特长。在所学的各门功课中，他的历史学得最好，这是因为他长于记忆，对名人轶事有兴趣。大家都预言他将成为耶鲁大学的历史学教授，但艾森豪威尔有自己的理想和追求。

1911年，艾森豪威尔考取美国海军学院，却因超龄而未被录取，后经该州参议员推荐，考入美国西点军校，迈出了他军事生涯的第一步。

军中岁月

1915年，艾森豪威尔从西点军校毕业后被分配到第19步兵团服役。1925年8月至1928年6月间，他又先后入利文沃斯参谋学院和麦克奈尔陆军大学深造。

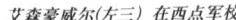
艾森豪威尔（左三）在西点军校

1929年11月，他调到首都华盛顿，在陆军部助理部长办公室工作。1930年秋至1939年12月，他担任陆军参谋长麦克阿瑟的助理，并随麦克阿瑟去菲律宾组建军队。

1941年12月珍珠港事件之后，美国对德、日、意宣战。1942年2月，艾森豪威尔被任命为美军参谋部作战处处长，负责拟定欧洲盟军联合作战计划。6月，欧洲战区盟军司令部成立，艾森豪威尔被任命为司令官。8月，他担任北非和地中海战区盟国远征军总司令，负责筹划和指挥在北非的代号为"火炬"的登陆行动。11月8日，他率领美英联军10万人分三路在法属北非殖民地登陆，分别占领了阿尔及尔、奥兰和摩洛哥。德军败退突尼斯。北非登陆的成功，为盟军顺利完成北非战局部署创造了有利条件。

1952年5月30日，艾森豪威尔从军队退役。之后，他凭着自己的声誉成为共和党的总统候选人，于1953年荣登总统宝座，并连任两届。

1944年，艾森豪威尔被任命为欧洲盟军远征军最高统帅，组织实施欧洲登陆作战计划。1944年6月6日凌晨，盟军向诺曼底发动登陆突击。盟军在诺曼底登陆成功后，随即向法国腹地挺进。8月25日，盟军攻占巴黎。艾森豪威尔将他的司令部从伦敦迁到巴黎附近的凡尔赛，指挥蒙哥马利、布莱德雷的几路大军同时向德国边界推进。1945年1月底，他指挥盟军击退德军在阿登地区的大反攻，随即挥师驱向德境。3月，盟军强渡莱茵河，德军在西线的战线崩溃。此后，德军对盟军的抵抗日渐微弱，在东线却拼死抵抗苏军。此时艾森豪威尔决定不攻打柏林，而留给苏军去占领。于是，他下令布莱德雷穿过德国中部，直抵易北河畔；蒙哥马利向北挺进，直抵丹麦边境；巴顿向东南推进，直抵奥地利。4月25日，美第1集团军与苏军在易北河畔的托尔高地区胜利会师，东线和西线战场连接在一起。5月2日，苏军攻克柏林。5月8日，德军向苏军和盟国远征军无条件投降，欧战结束。

艾森豪威尔的魅力在于：无论他走到哪里，总能把笑声带到那里。

艾森豪威尔之所以能在第二次世界大战中做出不可磨灭的贡献，是因为他具有高超的统率技艺和很强的组织协调能力，从而使几百万不同国籍、不同兵种、不同素质的部队能协同作战。他还善于发现人才，所以蒙哥马利、巴顿、范佛里特等一大批名将，都能为他所用。

盟军总司令艾森豪威尔驱车视察前线。

人物档案

姓　名：格奥尔吉·康斯坦丁诺维奇·朱可夫
生卒年：1896年～1974年
出生地：卡卢加省
国　籍：苏联
身　份：元帅

朱可夫

苏联英雄
朱可夫
ZHUKOV

苏联卓越的军事家、战略家。他为苏联卫国战争和世界反法西斯战争做出了突出贡献，成为俄罗斯民族英雄载入史册。

1896年12月2日，朱可夫出生于距莫斯科不远的卡卢加省斯特烈耳科夫卡村。由于家庭贫困，他在很小的时候就辍学，来到莫斯科给他的毛皮匠舅舅皮利欣当学徒。学徒期间，朱可夫利用晚上和星期天的闲暇时间刻苦自学，顺利地通过了中学全部课程的考试。

1914年第一次世界大战爆发。1915年7月，俄政府要求所有1896年前出生的男子都要应征入伍。8月7日，朱可夫在家乡加入帝国骑兵，开始了他漫长而极具传奇色彩的军旅生涯。

苏联红军在冰天雪地中作战，比德军的适应能力要强许多。

朱可夫军旅生涯中最辉煌的阶段是在第二次世界大战时期。期间，他历任最高统帅部大本营成员和代表、战时最高副统帅、副国防人民委员、方面军司令、方面总司令等职。他积极参与制定最高统帅部的战略计划，并在前线直接组织实施了一系列重大战役。朱可夫具有指挥大兵团作战的卓越才能，善于组织实施庞大的坦克机械化兵团防御和进攻。在战略防御阶段，他直接参与指挥莫斯科会战，同兄弟方面军一道将德军击退100～250千米；在战略反攻阶段，他又直接组织和协调实施了白俄罗斯战役、维斯瓦河—奥得河战役，直捣法西斯巢穴柏林并大获全胜，代表苏军最高统帅接受德军投降。朱可夫的一系列战功战绩说明，他是一代英雄名将，而且当之无愧。

这是为纪念苏联卫国战争中功勋卓越的无名烈士而建造的烈士墓。墓中央燃烧着永不熄灭的圣火。

[第三章]

Part 3

思想宗师

历史上有这样一群人:他们探求人类思想领域内的抽象学术概念,他们以其提出的观点和思想来征服人心,而服膺他们学说的人们则常常沿着他们的开拓之路继续前行探索,进而形成一个学说体系,将其学说传承并发扬光大。柏拉图以教育的方式传播其思想,开办学园,广收弟子,传播唯心主义哲学思想;亚里士多德继承并发扬了老师柏拉图所持的观点,提出一些包含唯物主义思想的新观点,进而开辟了一个新的思想领域;马克思揭露资本主义社会矛盾,创建共产主义理论……这些睿智者们拥有深邃的思想,他们的真知灼见曾影响了数代人的成长。现在翻开本章,您将能领略到他们的风范。

人物档案

姓　名：柏拉图
原　名：阿里斯托克勒
生卒年：公元前427年～前347年
出生地：雅典
国　籍：希腊
身　份：思想家

柏拉图

西方哲学之父

柏拉图
PLATON

古希腊最著名的唯心论哲学家和思想家,西方哲学史上第一个使唯心论哲学体系化的人。其哲学的本体论被称为"客观唯心主义"。

改名"柏拉图"

大约在公元前427年,柏拉图出生于古希腊一个显赫的贵族奴隶主家庭。他的父亲是古代国王的后裔,母亲是伟大的立法者梭伦的后代。因为家里非常富有,年幼的柏拉图有条件接受良好的教育。据说他父亲专门为他请了三位启蒙老师,其中,给柏拉图留下最深刻印象的是体育老师。

古希腊社会崇尚人体美,锻炼身体是一个人生活中很重要的内容。柏拉图身材高大,体格健壮,前额宽大,外貌英俊。当柏拉图第一次见到体育老师时,老师问他:"你知道为什么要学习体育吗?"柏拉图回答说:"我觉得学习体育是为了使自己有一个强健的身体。有了强健的身体就可以学会更多的知识和本领,这样就可以更好地报效祖国。"体育老师听了以后非常满意,便问:"你叫什么名字?"柏拉图回答说:"阿里斯托克勒。"体育老师想了想,拍拍他的肩膀说:"你体格健壮,前额宽阔,我就叫你'柏拉图'('大块头'的意思)吧,你看怎么样?"柏拉图高兴地点点头,说:"谢谢老师,我决定永远用这个名字!"从此以后,几乎没有人再叫他的原名,"柏拉图"这个名字伴随了他一生。

拜苏格拉底为师

柏拉图20岁那年,在听了一次苏格拉底的公开演说以后,便下定决心要拜苏格拉底为师。苏格拉底知道柏拉图的学识已很渊博了,便问他为何要拜自己为师。柏拉图说:"你有句格言'认识你自己',现在的我就是没有认识自己。"苏格拉底答道:"既然你知道我这句

柏拉图的恩师苏格拉底

话，那么你也应该知道我对自己的评价了，我只知道我一无所知。"柏拉图说："神都认为您最聪明，可是您却这样评价自己，这正是值得我学习的地方。一个人不知道自己的无知，那才是双倍的无知！这就是我拜你为师的理由。"自此以后，他便追随苏格拉底，侍奉其左右长达8年，直到苏格拉底以莫须有的罪名被判刑处死。

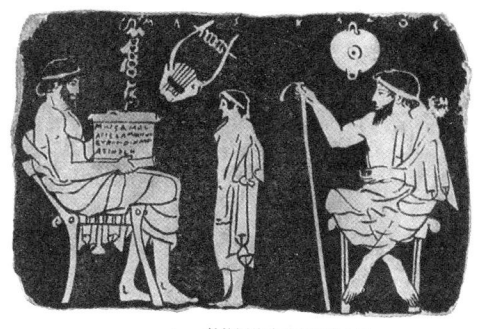

柏拉图给小狄奥尼修上课。

海外之行

柏拉图深受苏格拉底思想的影响，以致后来他因苏格拉底之死而对雅典政府深感不满。从此，他开始了长达12年的海外游历。游历归来后，他完成了自己的代表作《理想国》。

为了推行自己的"理想国"，柏拉图曾应邀离开雅典到西西里岛的叙拉古。统治这个岛的狄奥尼修一世知道他很有学问，便让他给自己的儿子小狄奥尼修讲课。有一次，狄奥尼修一世召见柏拉图，询问他有关治理国家的主张。柏拉图回答说："治理国家的统治者应懂得哲学，应是最优秀的哲学家，应该用'善'来统治国家。所谓的'善'就像太阳，是创造和推动一切的力量。"愚蠢的狄奥尼修一世一听就火冒三丈地反问道："这么说来，也就是你这样的人喽？"狄奥尼修一世一怒之下准备处死这个胆大包天的哲学家。后来在一些有学问的人的劝说下，柏拉图被豁免死罪，并在朋友的帮助下逃回雅典。

柏拉图终于明白，要实现自己的理想，靠一个人苦口婆心地游说是行不通的。于是，他决心开办阿格德米学园广收门徒，培养符合其理想标准的各种人才。柏拉图创立了西方历史上第一座学园，后来他的弟子们把他的学园代代相传，为古代的西方培养了许多了不起的学者。

柏拉图的先人梭伦

柏拉图（左）与弟子亚里士多德

人物档案

姓　名：亚里士多德
生卒年：公元前384年～前322年
出生地：爱琴海北岸斯塔吉拉
国　籍：希腊
身　份：哲学家、科学家

亚里士多德

博学多才的智者
亚里士多德
ARISTOTELES

西方历史上第一位百科全书式的思想家。他是西方现实主义美学原则、逻辑学的奠基人。他丰富了哲学的各个分支，对许多学科都做出过贡献。

少年的转变

亚里士多德出生在希腊北方的斯塔吉拉城。其父是马其顿国王阿穆塔的宫廷御医，因医术高明，深得国王的宠信。母亲是国王赏赐给老御医为妻的侍女。国王非常关照这个特殊的家庭。因此，小亚里士多德可以自由出入王宫。王宫贵族的生活方式，让少年亚里士多德着迷。在一段时间里，他把大量的时间投入到了和贵族王子们的玩耍之中。

后来，亚里士多德的父亲不幸病逝，他的母亲也在郁闷中病倒了。母亲在生命垂危的时候对儿子说："做人无论如何要知道自己的位置。我们不是贵族，不要把自己装扮成贵族，那样会害了自己。你应该学会做点事情，靠自己的知识和技能赢得别人的尊敬……"

母亲死后，少年亚里士多德显得成熟多了。他不再追求时髦的穿戴，也不再和那些贵族公子们玩耍了，而是收住心思，学习各种知识，钻研感兴趣的学问。

柏拉图学园
亚里士多德年轻时曾在这里学习。

追随名师

17岁时，亚里士多德十分欣赏当时柏拉图创办的学园的学风，便决定到那里求学。

在柏拉图学园，亚里士多德度过了20年的时光。学习期间，他广泛涉猎各个学科，对政治、历史、天文、数学、物理、生物、心理、修辞、戏剧等学科都做了深刻的研究。作为学生，他对老师十分尊重，虚心向老师学习，但他从不在思想上受任何人的束缚。他对柏拉图在学园门口写着的"不懂几何学的人，请勿入内"的观点不以为然，还常驳倒柏拉图的理论。这使柏拉图的其他弟子十分不满，他们在忍无可忍的情况下谴责亚里士多德，要他尊重老师。亚里士多德面对责难不为所动，他告诉同学："我爱我的老师，但更爱真理。"

亚里士多德的逍遥学派

亚里士多德一生勤奋好学，善于寻根问底。当柏拉图讲述《理想国》时，所有听讲的学生都觉得枯燥乏味，唯有他深觉奥妙。他如饥似渴地吸吮着柏拉图思想的精华，因此深得柏拉图赏识。柏拉图曾经这样赞赏他："我的学园可分成两部分——一般学生构成它的躯体，亚里士多德构成了它的头脑。"由此可知，亚里士多德在当时的地位和名气已非同一般了。

创办学园

公元前335年，亚里士多德效仿老师柏拉图在雅典郊外创办了自己的"吕克昂学园"。他创办的学园风景秀丽，人们常见到这位充满智慧的哲学家领着他的学生在林阴道上一边散步，一边自由地议论着各种哲学问题。于是，他和他的学生获得了"逍遥学派"的美称。

绘有柏拉图与亚里士多德对话图案的陶罐

在学园，亚里士多德除了教学，还致力于生物学和自然科学的研究。为了让亚里士多德更好地投入研究工作，已成为马其顿国王的亚历山大指示他的猎手、猎场守门人、园丁和渔夫向亚里士多德提供一切他感兴趣的东西。当然亚里士多德为自己的研究也投入了大量的人力。他曾派上千人到希腊和小亚细亚各地采集各种动、植物标本。有了这些条件，亚里士多德建立起了世界上第一座动物学庭园。正因为如此，亚里士多德在生物学、解剖学和植物学上都建树极丰。

亚里士多德是一位百科全书式的思想家。

困顿中成长起来的思想巨人

卢梭
ROUSSEAU

人物档案
姓　名：让·雅克·卢梭
生卒年：1712年~1778年
出生地：瑞士日内瓦
国　籍：法国
身　份：启蒙思想家

卢梭

法国启蒙思想家、教育家、文学家、哲学家。他一生著述颇丰，多部经典巨著的发表在社会上引起巨大反响，震动了欧洲乃至全世界。

自学成才

卢梭的父亲是一个钟表匠，母亲在他出生后没几天就去世了。虽然家里很穷，但爱读书的母亲却给卢梭留下了很多书，有哲学方面的，有历史方面的，更多的是小说、诗歌等文学作品。

卢梭从5岁开始就大量读书。贫穷但可亲的父亲对儿子的这一嗜好倍感欣慰，他只要有空闲时间就陪同儿子一起读书。有了父亲的陪伴，卢梭读起书来更加如痴如醉。每天晚上，卢梭父子总是一起读书，有时看得入了神，竟忘了睡觉。父子俩每看完一本，还要交换着看，读每本书总一气呵成。

7岁的时候，卢梭已经把母亲生前留下的书全部读完了。读书使卢梭获得了很多知识，也养成了爱思考、追求真理的习惯。除了读书外，卢梭还有一个爱好，就是音乐。音乐使他变得情感丰富，富于联想。这两大嗜好使卢梭终生受益。

波折多难的经历

卢梭自12岁开始自谋生计，做过仆人、学徒兼杂役。15岁时，因不堪忍受东家的粗暴待遇，外出流浪，后被德·瓦朗夫人收留，替她代管家务。中途，卢梭曾几次出走，还到过巴黎，因不愿再当奴仆，最后又返回到德·瓦朗夫人身边。

1741年，卢梭带着一种

卢梭参加文艺沙龙。

自己新发明的音乐记谱法——"数字记谱法"再次前往巴黎。他原以为这会引起一场音乐革命，但只是从法兰西学院得到了口头上的鼓励。穷困潦倒的卢梭在巴黎只得靠替人抄写乐谱、教授音乐和给贵妇人充当秘书为生。这期间卢梭结识了著名思想家、学者狄德罗以及孔狄亚克等人，他们对卢梭产生了很大的影响。

图为启蒙时代的名人，卢梭是其中一员。

1743年，卢梭任驻意大利使馆秘书的职位，不久被大使赶回巴黎。这时，他应狄德罗之邀给《百科全书》撰写音乐方面的文稿。在狄德罗的鼓励下，1749年10月，卢梭以论文《科学和艺术的进步对改良风俗是否有益》参加第戎学院的征文，得以中选，这使卢梭在法国名声大振。随后第戎学院再次征文，这次卢梭发表了《论人类不平等的起源与基础》一文，虽未入选，但却扩大了他的名气。

卢梭的著作

1752年，卢梭创作的歌剧《乡村教师》在巴黎首演，获得了极大的成功。从1756年到1762年，卢梭隐居在巴黎近郊的蒙莫朗西森林附近。在此期间，他发表了《致达朗贝论戏剧书》（1758年）、《新爱洛绮丝》（1761年）、《社会契约论》（1762年)和《爱弥儿》（1762年）。卢梭的《爱弥儿》一书出版后，掀起从法国开始后遍及整个欧洲的声势浩大的反卢梭浪潮。从此，卢梭开始了逃亡生活。

1767年，卢梭更名易姓后返回法国，过着隐居生活，并在流亡中断断续续地进行《忏悔录》的创作。这样的流亡生活直到1770年6月，法国政府宣布赦免卢梭方告结束。卢梭的晚年也未能安详地度过，他当时一直受到法国当局的监视，过着清贫的生活。完成《忏悔录》之后，卢梭又完成了《忏悔录》的续篇《一个孤独的散步者的遥想》。1778年7月1日，卢梭在悲愤中去世。

卢梭写了大量关于抚育儿童的著作。图为他与一位正在喂奶的母亲探讨育儿话题。

人物档案

- 姓　名：亚当·斯密
- 生卒年：1723年~1790年
- 出生地：苏格兰法夫郡
- 国　籍：英国
- 身　份：古典政治经济学家

亚当·斯密

亚当·斯密并不是经济学说的最早开拓者，他的有些思想也并非新颖独特，但是他首次提出了全面系统的经济学说，为该领域的发展打下了良好的基础。

经济学理论之父
亚当·斯密
ADAM SMITH

英国古典政治经济学的大师。他缔造了古典政治经济学的理论体系，最先系统地阐述政治经济学的各个主要学说，对政治经济学的形成和发展起了重要的作用。

古怪的性格

亚当·斯密是个遗腹子，父亲在他出生前去世，母亲抚养他长大。他从小是个瘦弱的孩子，从孩提时代起，他就养成自言自语的习惯，一生未改。另外，他的个性也非常古怪，常会想事情想得出神，有时会因此发生难堪的事。

有一次，有人给当时担任苏格兰海关税务专员的亚当·斯密送来一份公文，要他签字。此时他正在出神，嘴里念念有词。他拿过文件，迅速签好，签好后才发现，他写下的并不是自己的名字，而是在前面签字的海关税务员的名字。

亚当·斯密在陌生环境里发表文章或演说时，刚开始会因害羞而频频口吃，一旦熟悉后便会恢复雄辩的气势，侃侃而谈。亚当·斯密对喜爱的学问研究起来会相当专注、热情，甚至废寝忘食。

失败的诗人

亚当·斯密的文学观不符合当时人们的喜好，因为他崇尚古典派，贬抑浪漫派，认为莎士比亚的剧作虽然情节动人，但并不能称为优秀戏剧。

亚当·斯密曾梦想过有朝一日能成为有名的诗人，因为亚当·斯密厌恶"无韵诗"，他认为从文学作品的美感来看，同时要克服的困难是成比例问题，所以他非常喜爱"押韵诗"。他认为"押韵诗"在创作的过程有种挑战精神存在，而且"押韵诗"没有确实内容。但是亚当·斯密一生都没有创作过任何一首"押韵诗"，他曾说，如果作"无韵诗"的话他可以出口成章。就此话来看，亚当·斯密承认自己是个失败的诗人，因为他终其一生也没有创作过自己欣赏的"押韵诗"，而"无韵诗"他又不屑于写，所以有此结论。

潜心钻研

1737年，亚当·斯密考入格拉斯哥大学，攻读数学和自然哲学。3年后，他转至牛津大学，开始研究哲学和政治经济学。1746年，他从牛津大学毕业，返回家乡，继续研究自己的学问。

亚当·斯密就读过的牛津大学

亚当·斯密是英国古典政治经济学家最伟大的代表。

由于亚当·斯密的学历和才华，1748年他被聘到爱丁堡大学讲授修辞学和文学。1751年，格拉斯哥大学聘任他为逻辑学和道德哲学教授。在此期间，他发表了第一部著作《道德情操论》，从而确立了他的声望。1762年，在做了14年的教学工作后，他辞去了教授职务，开始担任年轻的柏克里公爵的私人讲师，并陪同柏克里旅行欧洲大陆，从而得到终生养老金。在巴黎期间，他的思想和研究方向发生了重大转变，在那里，他结识了农学派的一些主要人物，他的兴趣开始转到经济学方面。返回英国后，他便辞去私人教师的工作，退居乡间，开始了他的巨著《国富论》的写作。写作期间，亚当·斯密大量阅读了配第、诺思、诺克、休谟、康替龙等人以及法国重农主义的著作。他的天才思想不断地迸发出火花，在经济学这片领地上构建起自己的大厦。

经过9年艰辛劳动，1776年这部伟大的著作《国家财富的性质和原因的研究》（即《国富论》）终于问世。书一出版便引起了强烈的反响，亚当·斯密立刻声名鹊起，成为伦敦的头面人物。《国富论》广泛地组织了旧有的经济学理论，而将其统一成一个系统的理论，从而使得经济学从哲学中独立出来，成为一个独立的学科。这一贡献使亚当·斯密的余生中充满了鲜花和赞誉。

亚当·斯密主张发展工业，反对政府制定的诸多限制工业发展的陈旧规定。图为英格兰北部纽卡斯尔港区工业蓬勃发展的景象。

在进步思想中成长起来的哲人

黑格尔
HEGEL

人物档案
姓　名：乔治·威廉·弗里德里希·黑格尔
生卒年：1770年～1831年
出生地：斯图加特城
国　籍：德国
身　份：古典哲学家

德国古典哲学的代表之一，哲学发展史上第一个系统地阐述"唯心主义辩证法"的哲学家。他创立了黑格尔哲学，他的思想影响了不少思想大家。

黑格尔

恩格斯精心研究和发展了黑格尔哲学。他对黑格尔评价道："近代德国哲学在黑格尔的体系中达到了顶峰，在这个体系中，黑格尔第一次——这是他的巨大功绩——把整个自然的、历史的和精神的世界描写为处于不断运动、变化、转化和发展中，并企图揭示这种运动和发展的内在联系。"

求学时代

1770年，黑格尔出生于德国符腾堡的斯图加特城一个政府公务员家庭。1780年，黑格尔就读于本城文科中学，接受古典和启蒙教育。他的各门学科都学得很出色，升级考试的成绩总是优良，尽管这样，父亲还是为他聘请了家庭教师。

康德的一些思想遭到黑格尔的批判。

黑格尔书读得很多，他把零用钱都用于买书了。他常常到公爵图书馆里去看书，认为阅读是一种很大的乐趣。他爱读严肃的书，读这些书的时候，还养成了一个独特的习惯，那就是，把读过的东西详细地摘录在一张张活页上并按内容分类，每类都严格地按照字母次序排列。所有摘录都放在贴有标签的文件夹里。这样，不论需要哪一条摘录，都可以马上找到。这个习惯和这些文件夹伴随着这位哲学家成长。

1788年10月，黑格尔进入图宾根修道院的神学院学习哲学和神学。在神学院，黑格尔还是像中学时代一样，喜欢把时间花在书本上。尽管骑马和击剑也是未来牧师的训练科目，但黑格尔对此并不怎么感兴趣。同学们总拿黑格尔开心，一谈到他就称他为"老头儿"。黑格尔并没有为此而生气，因为他跟人人都合得来，大家都把他当做知心伙伴。

受启蒙运动影响

1793年，黑格尔从图宾根神学院毕业了。上学期间，法国大革命的浪潮完全改变了黑格尔。社会政治问题开始闯入黑格尔的生活，关心政治成为他终生的"癖好"。在图宾根的俱乐部里，年轻的黑格尔成了积极分子。他在集会上发表演说，常常博得同道们的喝彩。

黑格尔在国家图书馆翻阅资料。

德国斯图加特——黑格尔的故乡

毕业后，黑格尔没有去当牧师，而是到了卢梭的故乡瑞士做了一名家庭教师。这一职业给了他充足的时间去研究哲学和古希腊文学。他居住在伯尔尼，利用闲暇，穿梭出入于一家大图书馆，先后阅读了爱德华·吉本关于罗马帝国衰落的著作，孟德斯鸠的《论法的精神》，以及希腊和罗马的古典文献。这都为他日后形成自己的思想体系奠定了基础。

形成黑格尔思想体系

1799年，父亲去世，黑格尔得到了一笔能够在经济上取得独立的遗产，这使他下决心放弃固定的工作，开始真正的学术生涯。1801年，他来到了德国文化复兴和自由思想中心——耶拿大学，成为耶拿大学的一名编外讲师。

在耶拿期间，除了学生，黑格尔还认识并结交了伟大的文学家歌德，歌德那时担任魏玛公国主管教育文化的大臣。在歌德的帮助下，1805年2月，黑格尔被任命为耶拿大学特命教授，这使黑格尔安下心来写令他一举成名的大作《精神现象学》，并于1807年发表。1816年，黑格尔完成了内容最深奥的《大逻辑》，在这本书里，他首次描述了黑格尔哲学体系的最终形态。两部著作的完成，使作为学者的黑格尔声名远扬。1816年秋，他接受了海德堡大学的聘请，成了一名真正的大学教授。第二年利用演讲机会，他出版了《哲学全书纲要》一书，第一次完整地展示了他的哲学体系。

1821年，黑格尔整理出版了《天赋权利和国家理论概念》（后易名为《法哲学》）。1823年至1827年，他的活动达到高潮。那些年里，来自国内外的成千上万的听众都受到他的影响，那些狂热的或智慧的信徒，把他的声名传播到海外。

黑格尔是德国古典唯心主义哲学的集大成者。

为理想而奋斗的革命导师

马克思
MARX

人物档案
姓　名：卡尔·马克思
生卒年：1818年~1883年
出生地：莱茵省特利尔城
国　籍：德国
身　份：思想家、哲学家

马克思

象征共产主义运动前进的纪念碑

马克思主义的创始人，第一国际的组织者、领导者，全世界无产阶级的伟大领袖和导师，与恩格斯一起起草《共产党宣言》，用毕生心血写成巨著《资本论》。

聪慧少年

马克思于1818年5月5日出生在德国莱茵省特利尔城。父亲是一位律师，为犹太人；母亲是家庭妇女，为荷兰人。小马克思在家里备受宠爱。最使父母喜欢的，是他那充沛的精力和聪明灵活的头脑。当马克思只有三四岁时，对于父母教给的东西，就能准确无误地全记住。让父亲既爱又怕的是，他总是没完没了地问这问那，常常把父亲问得难以立即回答出来。

学会自己读书之后，小马克思就如饥似渴地阅读起父亲书房里的书来。读的书多了，脑子里装的东西多了，小马克思就显得比其他小朋友有知识，特别是他的语言表达能力很强，脑子反应机敏，而且还会自己编故事，这使他成为小伙伴们羡慕的对象。

树立崇高的理想

1830年，马克思进入特利尔中学学习。这一时期马克思在写作中表露出一种为基督教献身的精神和渴望为人类作自我牺牲的思想。他目睹普鲁士社会的不公正，以及专制政府对父亲及参与民主运动人士的迫害，不禁产生了一种崇高理想。从他的毕业作文《青年在选择职业时的考虑》中可以看出他当时的思想状况。他用下面这样一段话结束了文章："如果我们选择了最能为人类谋福利而劳动的职业，那么，重担就不能把我们压倒，因为这是为大家而献身；那时我们所感到的就不是可怜的、有限的、自私的乐趣，我们的幸福将属于千百万人……"

为理想而奋斗终身

1842年起,因普鲁士政府的反动统治,马克思放弃了当学者的愿望,转而投到政治斗争中。他为《莱茵报》撰稿,后任主编,抨击普鲁士政府的专制统治。

1844年8月底,马克思和恩格斯在巴黎见面,两人合作写成《神圣家族》,该书阐明了"人民群众是历史的创造者"这一历史唯物主义原理。1845年,马克思被法国政府驱逐出境,迁居布鲁塞尔。在布鲁塞尔,马克思与恩格斯合作完成《德意志意识形态》一书,第一次提出了无产阶级夺取政权的历史任务。

马克思和恩格斯

1846年至1847年,在布鲁塞尔,马克思与恩格斯一起建立了共产主义通讯委员会和德意志工人协会。1847年,马克思和恩格斯共同加入了共产主义者同盟。这一年,马克思来到伦敦,参加了共产主义同盟第二次代表大会的领导工作,并受大会委托,同恩格斯一起起草同盟的纲领《共产党宣言》。《共产党宣言》总结了无产阶级斗争的历史经验,系统、完整地阐述了他们的学说和关于无产阶级革命与无产阶级专政的理论。从此,世界各国的无产阶级革命运动纷纷以《共产党宣言》作为行动的指南和斗争纲领,这标志着科学社会主义的诞生。

马克思纪念章

1861年,马克思开始着手写《资本论》。1864年9月,马克思在伦敦创建国际工人协会(第一国际),并成为领导者。1867年,马克思出版《资本论》的第一卷,阐述了马克思主义经济理论的主要基石——剩余价值理论,揭示了资本主义社会的内部矛盾和经济运动规律,论证了资本主义的必然灭亡和共产主义的必然胜利。

无产阶级革命导师——马克思

19世纪70年代到80年代初,马克思投入主要精力写《资本论》第二、三卷。反动政府的迫害,贫困的物质生活,繁重的理论工作和紧张的战斗,使马克思的身体受到严重损害。1883年3月14日下午,马克思在工作室的座椅上溘然长逝。

人物档案

姓　名：弗里德里希·威廉·尼采
生卒年：1844年~1900年
出生地：萨克森地区的勒肯
国　籍：德国
身　份：哲学家

尼采

哲学狂人

尼采
NIETZSCHE

德国著名的哲学家和诗人。他的学术思想极富挑战性，他宣告"上帝死了"，使西方世界大为震撼，他所持的"超人哲学"、"权力意志"学说更是震古烁今。

孤傲的少年英雄

尼采出生于德国萨克森地区的勒肯。父亲为新教路德派牧师，在尼采5岁时就去世了。尼采自幼身体羸弱，但聪慧过人，学习成绩优异。少年时的尼采性情孤傲，不喜欢和同龄人玩耍，只喜爱"个人活动"，即便是在孩提时代，他也经常躲开同学，独自阅读《圣经》，因此有"小牧师"之称。1858年，尼采来到享有盛名的舒尔普福特文科中学学习，接受了杰出的古典文学教育。

在中学，尼采的表现算不上突出，他给同学留下深刻记忆的是一件英雄的并且带点孩子气的轶事。一次，同学们正在怀疑英雄穆西乌斯，认为他并没有胆量把手放进火里。尼采听后很气愤，二话没说就从火炉中掏出一块燃烧的煤块，并把它放在自己的手掌上。他终身带着这块灼伤的印记，而且为了使这块荣耀的伤痕保持原状和不再扩大，他让融化的蜡流过这道伤痕，从而使这块伤痕更加显眼。

大学时代

1864年，尼采中学毕业后，进入享有国际盛誉的波恩大学学习神学和古典语言学。尽管尼采努力参加校内的社交活动，但他的个人气质及与他有关的两位著名的古典文学教授扬和里敕尔之间的争吵，使他在波恩大学学习的两个学期是失败的。1865年，尼采转学到莱比锡大学与里敕尔会合，因为里敕尔在那里接受了聘任。在里敕尔的指导下，尼采在莱比锡大学获得了成功，他成为唯一在里敕尔所办的定期刊物《莱茵河博物馆》上发

闭目祈祷的耶稣被虚幻的魔鬼带到了圣殿的尖塔上，这暗示每个人都将面对内心恶魔的诱惑。宗教思想在很大程度上对尼采的思想起了启发作用。

表作品的学生。

在莱比锡大学学习期间，尼采领略了叔本华的哲学，认识了歌剧作曲家瓦格纳，并和古典主义学者兼同学的罗德（《灵魂》的作者)结为永世之交。

成为思想"超人"

1869年，尼采到瑞士巴塞尔大学任教，并于1870年升任为教授。1872年，尼采发表了第一部重要著作《悲剧的诞生》。这标志着尼采从古典学术的窠臼中获得解放，并预言古希腊艺术的精神将在瓦格纳的歌剧里得到新生。

1873年至1876年，尼采相继完成其巨著《不合时宜的思想》。该书对当时德国出现的各种思想和文化现象进行了批判，他把叔本华当做哲学家的表率，认为哲学家应当鄙薄名誉和地位，应成为一个伟人并甘心为真理而受苦，成为世人的教育者。

这一时期的尼采已经和音乐家的瓦格纳断绝了来往，并改变了对瓦格纳的评价：从希望希腊精神寄予瓦格纳，到骂瓦格纳为一个"老朽、狂妄的浪漫者"，"随处是女流腔，是胡乱的狂歌"，并认为他哗众取宠。在1878年出版的《人性的，太人性的》一书中，尼采对瓦格纳又进行了集中的批判。

1879年，尼采因健康状况不佳，病情日益严重。在一次失恋之后，尼采又受到了沉重的打击，身体更加衰弱，精神上也出现了一些异常的症状，为此尼采开始在瑞士及意大利等地休养。这期间，尼采一直致力于著述，完成了他的代表作《查拉图斯特拉如是说》和其他大量著作。1888年，尼采已经意识到了自己的生命即将结束，于是在去世前的这段时间里，他投入极大的精力完成了《偶像的毁灭》、《瓦格纳真相》、《反基督徒》等著作，自传《看啊，这个人》也在这一时期完成。

在尼采看来，当耶稣从十字架上被放下来时，上帝已经死了。

尼采在游历意大利期间，威尼斯的水土风情征服了他，他在那儿愉快地进行着哲学思考。

解析梦境的大师

弗洛伊德
FREUD

人物档案
姓　名：西德·弗洛伊德
原　名：西吉斯蒙·所罗门
生卒年：1856年～1939年
出生地：弗莱堡
国　籍：奥地利
身　份：精神分析学派创始人、心理学家、神经病学家

弗洛伊德

奥地利著名神经病学家、精神病医生，精神分析学派的创始人。他创立的精神分析学派思想体系对后世的艺术、历史和宗教均产生过重要的影响。

不甘屈辱的犹太少年

弗洛伊德出生于奥地利弗莱堡的一个犹太商人家庭。父亲是布匹商；母亲是父亲的第二个妻子，她把所有的爱都寄托在年幼的弗洛伊德身上。弗洛伊德3岁时，父亲所从事的贩布行业局势恶化，父亲的生意终至破产，债务缠身。无奈之下，弗洛伊德一家人背井离乡，来到维也纳寻求生计。

一次，父亲曾对弗洛伊德讲过一个故事："当我还年轻的时候，有一天我在你出生的城里散步。那天是礼拜天，我穿着整齐，头戴一顶新貂皮便帽。路上我碰到一位基督徒，他一边推我，抓起我的便帽丢到污泥里，一边骂道：'犹太狗！滚下人行道！'那该怎么办呢？我只好乖乖地走下人行道，到泥路上去把便帽拾起来。"父亲讲这个故事是希望弗洛伊德能以此为鉴，犹太人必须逆来顺受，忍气吞声，在严酷的现实中求得生存。在这种社会氛围下，还是小学生的弗洛伊德也发现周遭气氛不对，他只好少与人交往，在书堆里打发寂寞的日子，以求自保和不受干扰。他几乎无所不读，且理解力极强，在他看来，求知与求生仿佛是一回事。

到了中学，在老师和朋友的支持下，弗洛伊德开始与现实有了接触，于是，他决心要为某种大计划、大构想而奋斗，

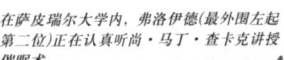

在萨皮瑞尔大学内，弗洛伊德(最外围左起第二位)正在认真听尚·马丁·查卡克讲授催眠术。

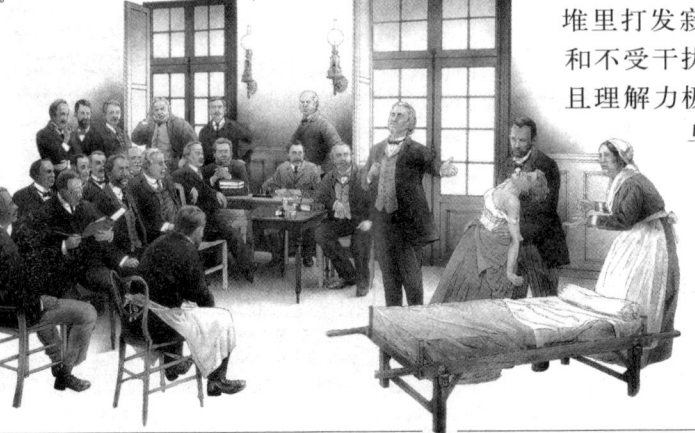

并且尽可能地维护尊严，决不像父亲那样忍气吞声地生活。

对医学产生兴趣

1873年，弗洛伊德以优异成绩毕业于维也纳的一所中学，进入维也纳大学就读医学。弗洛伊德学医并不完全是为了从事临床医疗工作，而是想用科学的方法去研究人和社会。由此，他跟随当时著名的生理学家布鲁克从事生物学研究整整3年，科研选题为《鱼类的神经结构和人类的大脑解剖》。随后，他又赴法国与当时著名的法国精神病学家查尔科特合作研究精神病学。这是弗洛伊德在学术道路上的一次转折，这一转折在某种意义上决定了他后来的全部学术生活。

1876年至1882年，弗洛伊德在维也纳生理研究所任助理研究员。1882年到1885年8月，弗洛伊德离开研究所去做临床医生，在维也纳综合医院工作了3年。在从事临床工作的同时，弗洛伊德并没有放弃科学研究。他曾研究过神经在骨髓中的走向，还亲自参与了一部分的试验工作，拿自己做受试者对可卡因的临床药效进行积极的探索。后来，弗洛伊德在维也纳以神经病理学家的身份开诊所，兼任维也纳大学客座讲师一职。这一职务使他由神经病学转向心理学，而有关精神分析的系统讲述和写作工作也由此开始。

弗洛伊德认为：梦是欲望的满足，绝不是偶然形成的联想。由于睡眠时检查作用的松懈，潜意识趁机用伪装方式绕过抵抗，闯入意识面成为梦。

创建精神分析理论

1895年，弗洛伊德与布鲁尔合作出版了《歇斯底里研究》一书。这本书对弗洛伊德来说是一个阶段性学术总结。自这一论著发表之后，弗洛伊德的思想变得十分激进，并在日后发挥出"泛性论"的观念。从此，弗洛伊德的研究开始日渐系统化。

1893年至1900年，弗洛伊德为了迅速发展精神分析理论，不断地进行自我分析。1900年，他出版了《梦的解析》一书。在这本书里，他分析了自己及病人讲出的梦例，认为在人的精神活动中，梦是满足欲望的伪饰表现，在精神内部，愿望要满足就会与诸般禁忌之间形成冲突，梦是这种冲突妥协的结果。这本书出版后，遭到了当时医学界的冷落。10年以后，这本书才受到重视。一批著名学者，如荣格等拜入他的门下，精神分析学派初步形成。1908年，"精神分析学会"在维也纳成立。

弗洛伊德说："梦是人的潜意识在作怪。"

弗洛伊德使用精神分析法对患有狂躁症的病人进行治疗。

在瑞士的苏黎士,在荣格主持下的"弗洛伊德协会"也吸引了来自世界各国的研究者,培养了一批具有国际影响力的精神分析工作者。

这时弗洛伊德已完成由神经学家向心理学家的转变,他发展出来的精神分析理论引起学术界的轰动。

精神分析学在非医学方面的应用

弗洛伊德发表过大量临床方面的论文,他还公布过五份长篇病历,提供了很多有关他研究方法方面的情况。但从他的《梦的解析》中可以看出,弗洛伊德从一开始就意识到他的发现具有广泛的意义,他知道这些发现一定会远远超出精神症的狭小范围,涉及人类各个方面的问题。

1907年,弗洛伊德写的《耶森的格拉狄瓦中的妄想与梦》一文,对德国作家耶森的小说《格拉狄瓦》作了精彩的研究。3年以后,弗洛伊德又出版了一本雄心勃勃的研究专著:《列奥纳多·达·芬奇和他对童年时代的一次回忆》。他在书中将达·芬奇在艺术追求与科学追求方面的矛盾追溯到他的幼年时代。在弗洛伊德的启发下,他的一些学生,如奥托·兰克,他把弗洛伊德的方法用来解释神话和民歌传说,清楚地显示出人类想象的各种表现有很多地方是相同的。还有卡尔·亚伯拉罕,他甚至用这种方法阐述了三千年前第一位一神论者埃及法老阿朗那顿发动宗教革命的动机。

1913年弗洛伊德的《图腾与禁忌》一书出版发行,这本书的重要性仅次于《梦的解析》。通过对乱伦恐惧、情感矛盾等许多特征的研究,弗洛伊德发现这些都是儿童和野蛮人的原始心理所共同具有的特征。他强调了原始人弑亲行为的重大意义,并认为文明、道德和宗教就起源于对弑亲行为的追悔和其他反应。

弗洛伊德一生从事神经病症的治疗和研究,他所创立的精神分析学说,备受关注也饱受争议。他的思想不仅影响了医学、心理学,还渗透到文学、历史、文化等多个方面。后世的许多学者皆以弗洛伊德的理论为基础再创新说,这些学说与弗洛伊德的学说一起,共同构成了思想史上最独特、最绚烂的章节。

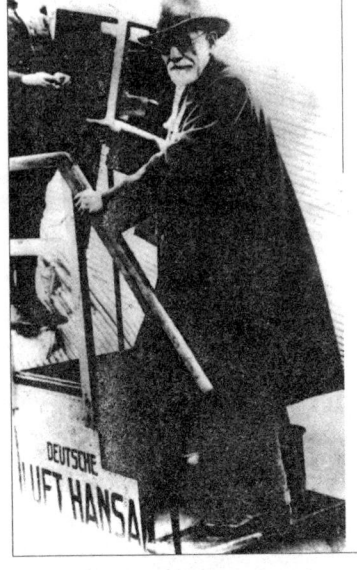

弗洛伊德是一个意志坚强的人,一直保持着旺盛的精力,专心致力于工作。

[第四章] Part4···
科学英杰

科学史上的每一个发现与创造都能令人体验到科技文明的神奇。科学家们博大精深的智慧、深刻的思想以及他们对科学的创见与研究成果，又让人们重新认识世界。哥白尼提出的"日心说"否定了在西方统治达一千多年的"地心说"，引起了人类宇宙观的重大革新；牛顿总结出的三大运动定律和万有引力定律，揭示了世间万物的运动特点；达尔文在《物种起源》一书中以全新的生物进化思想，推翻了"神创论"和物种不变的理论……这些自古以来不断涌现出的伟大科学家，在各自的领域里，为人类的文明发展、科技进步都做出了卓越的贡献。本章将为您展示这些杰出科学家们的质朴生活、执著人生。

人物档案

姓　名：阿基米德
生卒年：公元前287年~前212年
出生地：意大利西西里岛叙拉古城
国　籍：古希腊
身　份：科学家

阿基米德

能"撬动地球"的科学家
阿基米德
ARCHIMEDES

古希腊后期最伟大的科学家,他一生都致力于研究和发明,并在数学和力学方面取得了极大的成就,为人类科技的发展奠定了基础。

出国游学

阿基米德出生于意大利西西里岛的叙拉古城。父亲是一位天文学家。很小的时候,阿基米德就从父亲那里受到很好的教育,包括数学和天文学,还有古希腊的几何学。

在阿基米德11岁那年,一些老学者联名请求国王派阿基米德到亚历山大里亚城去学习。亚历山大里亚城是当时世界主要的学术中心之一,阿基米德在那学习了天文学、数学和力学。他一边读书,向那里的著名学者求学;一边周游周边各地,用自己的知识来帮助人们解决实际问题。

阿基米德曾为解答宇宙到底有多大的问题,大胆采用新方法,计算了要填满宇宙所需要的砂粒数。通过这个奇特的构思,他发明了"方次计算法"。他还学习了一套解决实际问题的计算丈量法,在不爬山的情况下精确地测量出山的高度,甚至还能测算出地球的直径。

阿基米德在洗澡时发现了浮力定律。

为国王解决问题

公元前240年,阿基米德离开了培育他多年的亚历山大里亚城,回到了家乡叙拉古,做了国王亥厄洛的顾问。

有一次,国王雇金匠打造了一顶金质的皇冠,但是国王听说皇冠里掺入了银,因而怀疑那顶皇冠中的金子不纯,于是便命令阿基米德在不许破坏皇冠的情形下,鉴定皇冠是否是纯金造的。

阿基米德绞尽了脑汁,也想不出解决的办法。在苦苦思考期间,有一天,他进了街上的澡堂去洗澡。当他进入澡盆中时,发现水竟然满了,并溢了出来,这时他忽然想起了什么,一边高声喊着:"我知道了!我知道了!"一边跑着回家。到家后,他就把皇冠放入水缸中,量出皇冠的体积,再与同体积的纯金相比较,结果发现皇冠的体积比较大,所以,他便断定那顶皇冠中,掺有比金轻的银。

阿基米德为国王解决难题。

巧妙守城

公元前213年,罗马军进犯叙拉古。这时,年已75岁的阿基米德,立刻竭尽自己的所能,帮助祖国打击敌人。

罗马军统帅玛尔凯路率领船队,从水上进攻叙拉古。此时,阿基米德已做了充分的准备。当敌舰接近的时候,阿基米德就开动那些巨大的远程投射机器,将大石块投射到一千多米以外。这些大石块像冰雹似的打在战舰上,使船沉兵死,玛尔凯路只得急忙撤退。

玛尔凯路又决定夜间进攻,他以为夜间阿基米德看不远,等舰队到了城下那些远程投射机器就用不上了。可是,当玛尔凯路夜间进攻的时候,短射程的机器又开动了,短镖枪、石块不断地被掷出,罗马军队又一次遭到沉重打击。

阿基米德之死
当罗马士兵出现在阿基米德面前时,他正在研究几何图形。当一把阴森森的剑搁在阿基米德的脖子上直逼着他时,他终于惊觉,并镇静地说:"别碰乱我的图形,让我把这道题算完,免得给后代留下一道没有解开的题。"凶残而愚蠢的罗马士兵,没有理会阿基米德,一剑就将这位科学巨匠砍倒在他的几何图形上。

玛尔凯路的各种进攻都被阿基米德的发明一一击退了,无奈之下,玛尔凯路只得采用围城的办法了。罗马军队一直围困了8个月,最后乘叙拉古人欢度节日,疏于防范之际,攻陷了叙拉古。阿基米德不幸被攻城的士兵杀害了。

人物档案

姓　名：尼古拉·哥白尼
生卒年：1473年～1543年
出生地：托伦城
国　籍：波兰
身　份：天文学家

哥白尼

揭开天体运行真相的勇士
哥白尼
COPERNICUS

波兰伟大的天文学家。他一生追求真理，以科学求实的态度和非凡的胆略提出"日心说"，成为世界近代天文学的奠基人。

启蒙之光

哥白尼出生在波兰托伦城圣阿娜巷的一个商人家庭。父亲本是克拉科夫的商人，后来迁居托伦，由于经商致富，被委任为托伦市市长。母亲是该城一位富商的女儿。

当炎夏来临的时候，父亲为调剂其忙碌的生活，常去乡下葡萄园休假。他除了带上自己的家属之外，还邀请城里的各界名人。这些通晓文艺、音乐的社会人士在哥白尼家里谈笑风生，海阔天空。他们讲述了许许多多有趣的故事，上至天文，下至地理。他们的谈话都在哥白尼的脑海里留有深刻的印象，为哥白尼埋下了知识的种子。

10岁那年，父亲去世了，从此哥白尼的家庭和生活发生了很大的变化。他被送到舅父那里去抚养。舅父为了把外甥培养成人，便把他送到自己主办的教会学校去读书。

挑战权威

哥白尼18岁进入克拉科夫大学学习，在这里，他接受了数学和天文学的教育。克拉科夫当时是波兰的首都，也是波兰人文主义者的集中地。当时，经院学派和人文主义学派关于天文地理的各种问题经常展开激烈的争论。

波兰著名数学家和天文学家布鲁斯基对古希腊天文学家、数学家托勒密的"地心说"体系提出了异议。作为哥白尼的老师，布鲁斯基的这些见解对哥白尼产生了重大影响，哥白尼也开始考虑地球及太阳的运转问题，并抱定献身天

哥白尼在弥留之际看到了印刷出版的《天体运行论》。

文学研究的志愿。

1496年，当时已任埃尔梅兰城大主教的舅父派哥白尼去意大利学习教会法规。在这期间，哥白尼结识了意大利知名的天文学家多米尼克。他们共同研究月球理论，开始用实测得到的科学数据说明人们所信奉的托勒密学说与客观现象之间的矛盾。1497年3月9日，他们进行了一次著名的月食观测，哥白尼将天文观测到的现象记录下来：月球遮掩金牛座。研究结果证明，月食并非如托勒密所说的那样是月球体积的缩小——这可以说是哥白尼针对托勒密"地心说"理论取得的初步胜利。

塔上30年

1506年，哥白尼从意大利返回波兰。他一方面协助舅父料理教区事务；另一方面利用这段充裕的时间，来整理他在意大利学习期间所搜集的大量资料，总结他的研究成果。

随后，哥白尼以主教医生的名义，留在舅父身边长达6年的时间。在这6年中，哥白尼开始写《天体运行论》一书的初稿。1512年，舅父因病去世了。从此哥白尼就到舅父所在的弗洛恩堡大教堂任职。弗洛恩堡大教堂建在波罗的海海滨的小丘上，教堂的周围建有坚固高大的城墙，墙上有座箭楼，哥白尼就住在箭楼里。这里既是他的宿舍，又是他观测天象的天文台。

哥白尼利用自己制造的仪器，在这座小小的天文台上进行实践活动。尽管他所使用的仪器是简陋的，准确度也不够高，但是他却从来没有因此而放松过观测。他提出的新天文学理论，是建立在自己观测得来的数据基础之上的。他还把希腊和阿拉伯天文学家观测的数据当做参考资料，在参考时都做一番考订校勘的工作。这项工作是复杂而艰巨的。就这样，哥白尼在这座塔上艰苦地工作了30年，整理出了他毕生的研究成果——《天体运行论》。

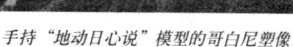

手持"地动日心说"模型的哥白尼塑像

《天体运行论》书影

展现哥白尼理论所阐述的行星系统的示意图

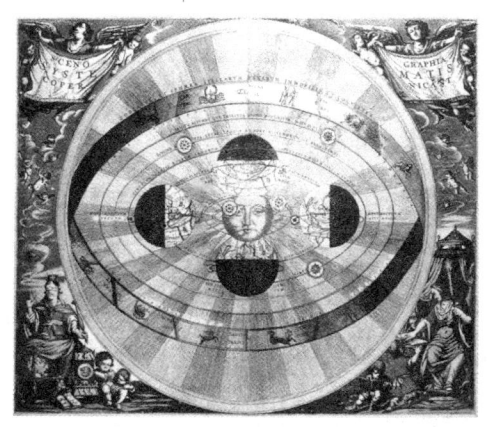

改变世界的科学家
伽利略
GALILEO

人物档案
姓　名：伽利略·伽利莱
生卒年：1564年～1642年
出生地：比萨
国　籍：意大利
身　份：科学家

伽利略

文艺复兴后期意大利著名物理学家、数学家和天文学家,欧洲近代自然科学的创始人之一。他开创了具有严密逻辑体系的近代科学。

好钻研的少年

伽利略的父亲是个破产贵族。当伽利略来到人世时,他家里已经很穷了。为了免于饥饿,尽量多挣点钱,父亲想让伽利略将来当个布商,为此将他送到学校去读书。

17岁时,伽利略进了比萨大学。在大学里,伽利略非但勤学而且好问,哪怕是一个人们司空见惯的现象,他也要问一个为什么。一次,他站在比萨的天主教堂里,眼睛盯着天花板一动也不动。原来,他用右手按着左手的脉搏,看着天花板上摇摆不定的灯。他发现,这灯的摆动虽然是越来越弱,以至每一次摆动的距离渐渐缩短,但是,每一次摇摆需要的时间却是一样的。于是,他根据这个提示做了一个摆锤实验,从中他找到了摆的规律。后来他还根据这个规律造出了钟。

然而,因家境贫困,伽利略不得不提前离开大学。失学后,伽利略仍在家里刻苦钻研。他发明了一种比重

伽利略正在观察教堂里悬挂着的摆动吊灯。

伽利略在比萨斜塔当众证明亚里士多德自由落体的说法是错误的。

秤,还写了一篇名为《固体的重心》的论文。很快伽利略名闻全国,人们称他为"当代的阿基米德"。

斜塔上的落体实验

有一个时期,伽利略对亚里士多德的落体学说产生了怀疑。亚里士多德认为,物体越重,下落的速度越快。而伽利略却不这么认为,于是他选择了比萨斜塔作试验场。一天,他带了两个大小一样但一个实心一个空心的铁球,登上了斜塔。塔下站满了前来观看的人。大家议论纷纷,有人讥笑他,认为他疯了,竟然敢挑战亚里士多德。

只见伽利略出现在塔顶,两手各拿一个铁球,大声喊道:"下面的人看清楚啦,铁球落下去了。"他把两手同时张开。人们看到,两个铁球平行下落,几乎同时落到了地面上。那些讽刺讥笑他的人顿时目瞪口呆。

伽利略的这次试验,揭开了落体运动的秘密,推翻了亚里士多德的学说。

伽利略发明的天文望远镜为研究天空创造了条件。

观察天外世界

1608年,伽利略受到一个可以将所视物品放大的玩具的启发,制成了世界上第一个天文望远镜。一天晚上,伽利略拿起天文望远镜对准了月亮,发现月亮上面有高山、深谷,还有火山的裂痕。这以后,伽利略几乎每天晚上都用望远镜观察天空,探索着宇宙的奥秘。他发现,太阳里面有黑点,这些黑点的位置在不断地变动。因此,他断定太阳本身也在自转。后来他在观察木星时,还发现木星有4颗较大的卫星,且它们在围绕着木星公转。

伽利略以无可辩驳的事实生动地说明:地球在围绕太阳旋转,而太阳不过是一颗普通的恒星;所有的恒星都是像太阳那样的巨大天体;宇宙间的一切天体都在运动之中。他用观察到的事实有力地证明了哥白尼学说的正确。

1610年,伽利略的著作《星空使者》出版了。人们惊讶地说:"哥伦布发现了新大陆,伽利略发现了新宇宙。"

由于伽利略为哥白尼学说辩护,因此遭到罗马宗教裁判所的审判。

人物档案

姓　名：艾萨克·牛顿
生卒年：1642年~1727年
出生地：英格兰林肯郡乌尔斯普镇
国　籍：英国
身　份：科学家

牛顿

科学巨人

牛顿
NEWTON

英国伟大的物理学家、数学家和天文学家，经典物理学理论体系的建立者。他的杰出成就在于发现万有引力定律和出版划时代的巨著《自然哲学的数学原理》。

平凡少年的成长

牛顿是个遗腹子，在出生前三个月父亲便去世了。在他两岁时，母亲改嫁，并把牛顿留在外祖母身边抚养。大约5岁时，牛顿被送到公立学校读书。少年时的牛顿并不是神童，他资质平常，成绩一般，但他喜欢读书，喜欢看一些介绍各种简单机械模型制作方法的读物，从中受到启发后，尝试自己动手制作一些奇奇怪怪的小玩意，如风车、木钟、折叠式提灯等。

传说小牛顿把风车的机械原理摸透后，自己制造了一架磨坊的模型，他将老鼠绑在一架有轮子的踏车上，然后在轮子的前面放上一粒玉米，刚好那地方是老鼠可望而不可及的位置。老鼠想吃玉米，就不断地跑动，于是轮子不停地转动。他还制造了一个小水钟。每天早晨，小水钟会自动滴水到他的脸上，催他起床。

牛顿12岁时上中学。读书时，他曾经寄宿在一位药剂师家里，因此受到了化学试验的熏陶。牛顿对自然现象也有着强烈的好奇心，如光、颜色，此外，对几何学、哥白尼的"日心说"亦充满兴趣。这些志趣为他日后的研究打下了基础。

学海求知

1661年，19岁的牛顿以减费生的身份进入剑桥大学三一学院，靠为学院做杂务的收入支付学费。1664年牛顿成为奖

12岁的牛顿

热衷于科学研究的牛顿一生都在孜孜不倦地工作着。

学金获得者，1665年获学士学位。在剑桥大学，卢卡斯创设了一个独辟蹊径的讲座，讲授自然科学知识，如地理、物理、天文和数学等课程。讲座的第一任教授伊萨克·巴罗是位博学的科学家。这位学者独具慧眼，看出牛顿具有深邃的观察力、敏锐的理解力，于是将自己所知的数学知识，包括计算曲线图形面积的方法，全部传授给牛顿，并把牛顿引向了近代自然科学的研究领域。

落下的苹果触发了牛顿的灵感。

当时，牛顿在数学上很大程度是依靠自学。他学习了欧几里得的《几何原本》、笛卡儿的《几何学》、沃利斯的《无穷算术》、巴罗的《数学讲义》及韦达等许多数学家的著作。这些知识将牛顿迅速引导到当时数学的最前沿——解析几何与微积分的研究领域，为其将来的研究创造奠定了基础。

《自然哲学的数学原理》书影

1665年至1666年，严重的鼠疫席卷了伦敦。学校因此停课，牛顿于1665年6月离校返乡。在乡间，牛顿利用自制的三棱镜分析出太阳光的七种色彩，并发现各种单色光存在曲折率的差异。牛顿还创立了微积分的方法，并将之广泛应用在物理和几何学上。有一天，牛顿坐在乡间的一棵苹果树下沉思。忽然一个苹果掉落到地上，于是他通过苹果落地发现所有的东西一旦失去支撑必然会坠下。继而他发现任何两物体之间都存在着吸引力，而这种引力与距离的平方成反比，由此总结出万有引力定律。另外，牛顿亦在伽利略等人工作的基础上进行了深入研究和大量的实验，最后总结出三大运动定律，奠定了经典力学的基础。牛顿也因此成为经典物理学的创始人。

1667年，牛顿回到剑桥大学三一学院继续其学业，于1668年得到硕士学位。1669年，牛顿任剑桥大学教授，而后接替巴罗担任了"卢卡斯讲座"的第二代教授职务。1687年，牛顿的《自然哲学的数学原理》在哈雷的私人资助下出版。这一巨著奠定了经典力学的基础，完成了力学革命，确立了牛顿在科学史上举足轻重的地位。

陈列于剑桥大学三一学院的牛顿雕像

人物档案

姓　名：本杰明·富兰克林
生卒年：1706年～1790年
出生地：波士顿
国　籍：美国
身　份：科学家、文学家、政治家

富兰克林

捕捉雷电的人
富兰克林
FRANKLIN

富兰克林是一位伟大的科学家、杰出的政治家。在人类历史上，他第一次揭开了雷电之谜，发明了避雷针。

刻苦自学的小印刷工

1706年1月17日，富兰克林出生在北美洲的波士顿。他的父亲原是英国漆匠，家中有10个孩子，富兰克林排行第八。富兰克林8岁入学读书，虽然学习成绩优异，但由于他家中孩子太多，父亲的收入无法负担他读书的费用，所以，他到10岁时就离开了学校。

12岁时，富兰克林到哥哥经营的小印刷所里当学徒。在这里，他当了近十年的印刷工人。在这十年间，他从未间断过学习。他利用工作之便，结识了几家书店的学徒，通过他们将书店的书在晚间偷偷地借出来，通宵达旦地阅读。

富兰克林于1732年出版的《穷理查历书》一页

为了阅读更多的图书，富兰克林将自己的伙食费也拿去买书了。他每天午间就简单地买些面包、饼干充饥，省下来的时间就贪婪地读书。文学、历史、哲学、社会学、理化和数学等各种知识源源不断地涌进他的脑海，为他成为影响世界的科学家作了准备。

富兰克林

崇高的动机

1742年冬季，宾夕法尼亚州天气奇寒。中下层人民苦于老式火炉耗费燃料太多，只好在寒冷中瑟瑟发抖。这时，富兰克林发明了新式火炉，只要用老式炉四分之一的木柴，就能让室内加倍温暖。所以这种火炉刚一上市，就成为畅销的"快货"。

一天,宾州州长汤麦斯将富兰克林请到家里,在豪华的餐厅接待他。州长说:"富兰克林先生,您给我们发明了这么好的火炉,全州人甚至连附近各州都使用了它。罗伯特·格累斯先生因生产这种火炉而大发其财了。您作为发明者,也应该享有专利权。"说着从衣袋里拿出一张专利证书。富兰克林立即说:"不,不要。我们应该以自己的发明能为别人服务而感到高兴,并且我们应该自愿而慷慨地做这种为人类改善生活的事。"富兰克林把人民的需要作为科研的动机,用自己的发明造福于人类,因而在群众中享有极高威望。

富兰克林根据静电实验推测雷电可能也是一种静电。

富兰克林正在潜心研读。

揭开雷电的秘密

1752年盛夏的一天,费城的上空雷声隆隆,风紧云黑,暴雨就要来临了。这时富兰克林和他的大儿子正急匆匆地朝郊外走去,他们特地要在这个雨天去放风筝,想借此实验揭开雷电的秘密。

富兰克林明白这种实验的危险性,但是他宁肯为科学而献身,决不向迷信和愚昧屈服。他嘱咐儿子站得远一点,他说:"万一不幸,你替我填写好实验报告,为科学研究积累资料。"

随着雷鸣电闪,风筝绳上的纤维毛渐渐飞动起来了。富兰克林把能够存储电的莱顿瓶接到风筝绳下端系着的铁钥匙上,莱顿瓶一下就充上电了。"充电"证明云中的闪电与人工摩擦所得的电一样,绝非神物。父亲叫着,儿子跳着,小房里充满了胜利的欢乐。笔在纸上沙沙作响,富兰克林飞快地写出了实验报告。后来,富兰克林还发明了避雷针来保护高大的建筑物。

富兰克林伟大的献身精神粉碎了世界上最古老的迷信堡垒,为唯物主义世界观的确立做出了贡献。著名法国科学家达兰贝尔赞美他说:"在天上,他征服了雷电。"

富兰克林在市郊做风筝实验,风筝的顶端有一根针一样的金属线,用来接引天空中的闪电。

数学天才 高斯
GAUSS

人物档案
姓　　名：卡尔·弗里德里希·高斯
生卒年：1777年~1855年
出生地：布伦瑞克
国　　籍：德国
身　　份：数学家

高斯

高斯是近代数学的奠基者之一，人们往往把他和阿基米德、欧拉、牛顿一起称为世界上最伟大的数学家。

聪明过人的小高斯

1777年4月30日，高斯出生在德意志的一个贫苦家庭。父亲是一名园丁，做泥水匠等工作；母亲是石匠的女儿。高斯很早就展现了过人的才华，3岁时就能指出父亲账册上的错误。

1785年，8岁的高斯进入德国农村的一所小学。有一天，老师给学生们出了一道算术题。他说："你们算一算，1加2加3，一直加到100，等于多少？谁算不出来，就不准回家吃饭。"说完，他就坐在一边的椅子上，用目光巡视着趴在桌上演算的学生。

不到一分钟的工夫，小高斯就算出了答案。看着高斯写下的"5050"，老师不禁大吃一惊。他简直不敢相信，这样复杂的数学题，一个8岁的孩子，用不到一分钟的时间就算出了正确的得数。他怀疑以前别人让小高斯算过这道题，就问小高斯："你是怎么算的？"小高斯回答说："我不是按照1、2、3的次序一个一个往上加的。老师，你看，一头一尾的两个数的和都是一样的：1加100得101，2加99得101，3加98也得101……把一前一后的数相加，一共有50个101，101乘50，得到5050。"

小高斯的回答让老师倍感惊奇，因为他还是第一次知道这种算法。老师通过这道考题发现了高斯的才华，他知道自己的能力不足以教高斯，就从汉堡买了一本较深的数学书给高斯读。

少年时的高斯

攀登科学殿堂

少年高斯的聪颖早慧，得到了很有名望的布瑞克公爵的垂青与资助，使他得以不断深造。1792年，高斯

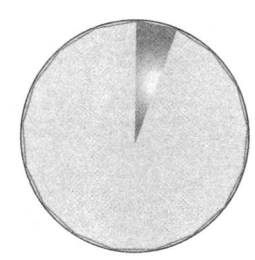

高斯的计算方式

进入布瑞克学院。这年，高斯15岁。在那里，高斯开始对高等数学进行研究，并且独立发现了二项式定理的一般形式、数论上的"二次互逆定理"、质数分布定理及算术几何平均。

1795年，高斯进入哥廷根大学。因为他在语言和数学上都极有天分，所以他为了将来是要专攻古典语文还是数学苦恼了一阵子。到了1796年，17岁的高斯得到了一个数学史上极为重要的结果，即正十七边形尺规作图之理论与方法，这一成就也使得他选择了走数学研究之路。

使用直尺和圆规便可画出正十七边形。

1799年，高斯提出了他的博士论文，在论文中他证明了代数学中的一个重要定理：任一多项式都有（复数）根。这个结论被称为"代数学基本定理"。事实上在高斯之前有许多数学家认为已给出了这个结果的证明，可是没有一个证明是严密的。高斯把前人证明的缺失一一指出来，然后提出自己的见解。一生中他共给出了4个不同的证明。

在1801年，24岁的高斯出版了《算学研究》，这本书用拉丁文写成，原来有八章，由于钱不够，只好印七章。这本书除了第七章介绍代数基本定理外，其余都是数论，因此可以说是数论第一本有系统的著作。1827年，高斯在《关于曲面的一般研究》中，还建立了微积分几何中关于曲面的系统理论。

担任天文台台长时的高斯

高斯的数学研究几乎遍及所有领域，在数论、代数学、非欧几何、复变函数和微分几何等方面都做出了开创性的贡献。他还把数学应用于天文学、土地测量学和磁学的研究，发明了最小二乘法原理。

人物档案

姓　名：迈克尔·法拉第
生卒年：1791年～1867年
出生地：纽因格顿
国　籍：英国
身　份：物理学家、化学家

法拉第

电学之父
法拉第
FARADAY

法拉第是19世纪电磁学领域中最伟大的实验物理学家。正是由于他的贡献,使得以后电灯、电话等电气化产品才有了产生的可能。

喜欢读书的订书工

法拉第诞生在一个铁匠家庭里,从小就过着贫穷的生活。由于家境贫困,幼年的法拉第没有机会接受很好的学校教育,只读过2年小学。

12岁时,法拉第就来到了一个订书铺里当学徒。由于经常接触图书,没上过几年学的法拉第发现,书里竟然有许多以前他根本不知道的知识。这时他并没有表现出有什么超人的天资,他只是非常喜欢书,而且对于根本读不懂的书,他能够一遍又一遍不厌其烦地读下去。

那时,法拉第很喜欢一本实验化学的书,但要读懂它并不容易。于是,他把每周很少的零用钱节省下来,购买最简单的化学实验仪器,参照书上讲的步骤一个接一个地做了许多实验。这引起了他对化学的浓厚兴趣,使他立志要当一名化学家。

重大转机

伴随着知识的增多,法拉第对科学的热情越来越高涨了,他产生了要到英国皇家学院去听著名化学家戴维演讲的念头。1812年秋,法拉第聆听了戴维的四次讲演。戴维的讲题是关于自然哲学方面的,演讲的内容激起了法拉第对科学研究的极大兴趣。

法拉第冒昧地写了一封信给戴维,除了表达对戴维的崇敬外,法拉第还希望获得他的帮助,求他给自己介绍一份工作。同时,法拉第还附上了他的听课

法拉第正在做实验。

笔记，以说明他的敬业精神和整理资料的动手能力。一段时间之后，戴维写信询问法拉第是否愿意担任皇家研究院实验室的助手。法拉第接到信后欣喜若狂，迫不及待地就答应了，根本就不去考虑报酬的多少。从此，法拉第结束了7年的订书匠生活，迈进了科学研究的大门。这是他一生中的重要转折点。

图为法拉第于1856年在英国皇家学会演讲的情形。他为了推广科学，曾经在公开场合做过许多类似的演说。

发现电流

1830年以后，法拉第专心致志地进行着关于磁转化为电的研究。他把磁石安插在一个铜线圈内，但是得不到结果。他又以一根通了电流的铜线挨近一根没有通电流的铜丝，然后又换了一个大的磁石，接着再采用各种不同的连接方式，可是这一切都无济于事，铜线上没能产生出电流来。

不怕失败的人终究会成功的。1831年10月17日，法拉第预备了一根长圆柱形磁石，以很长的铜线绕在一个空心的圆筒上，铜线的两端串接一个电流计，铜线是不通电流的。他将磁石的一端挨近铜线，电流计的指针不动。然后他把磁石完全插入铜线圈内，电流计的指针却突然动起来了。他急忙又把磁石抽了出来，指针又动了一下。难道真的有电流产生出来了吗？法拉第惊喜起来。他试了一次又一次，果然感应电流产生出来了。

法拉第与妻子萨拉

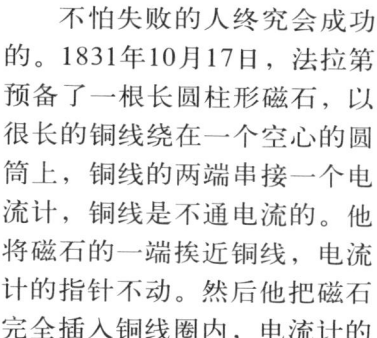

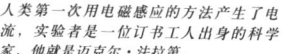

人类第一次用电磁感应的方法产生了电流，实验者是一位订书工人出身的科学家，他就是迈克尔·法拉第。

法拉第又坚持研究了很久才得出结论：金属线与磁石之间的相对运动是产生感应电流的必要条件。进一步他又引入了磁力线的概念，总结出法拉第电磁感应定律。为了使磁电为人类所用，他又制造了世界上第一台电磁感应发电机。法拉第曾这样说："我因为不满意当时产生电流的方法，因此急于发现磁石与感应电流的关系，觉得电学在这条路上一定有充分的发展。"

迷上自然的学者

达尔文
DARWIN

人物档案
姓　　名：查理·罗伯特·达尔文
生卒年：1809年～1882年
出生地：希罗普郡
国　　籍：英国
身　　份：博物学家、生物学家

达尔文

著名的英国博物学家和生物学家，进化论的奠基人。他在进化论、人类学和地质学方面的研究成果，对人类的起源和打破神学论起了不可估量的作用。

对自然着迷

达尔文于1809年2月12日诞生。他父亲是位有名的医生，祖父伊拉斯莫斯·达尔文更是个有名的医生兼博物学家。达尔文的家世虽然如此优越，但少年时代的达尔文并非优等生。

达尔文从小就喜欢钓鱼、打猎，酷爱花草鸟虫鱼。他认为自然界里蕴藏着太多的奥秘和乐趣。他还很热衷于植物及昆虫的采集。本来想让达尔文学习法律的父亲，看到他这种情形只好改变主意，将他送到爱丁堡去学医。可是达尔文对学医并不感兴趣，尤其在见习外科手术时，更是吓得魂不附体，于是他便毅然地放弃了学医。无奈之下，父亲又将他送到剑桥大学，指望他学成后做个牧师，可是他到剑桥大学后也没照父亲的意思去做。就在这时，潜藏在他心中很久的对博物学的爱好完全地爆发出来。

从小热爱大自然的达尔文常在户外玩耍，喜欢捕捉昆虫。

1828年的一天，在伦敦郊外的一片树林里，达尔文围着一棵老树转悠。突然，他发现在将要脱落的树皮下，有虫子在里边蠕动，便急忙剥开树皮，发现两只奇特的甲虫，正急速地向前爬去。他马上左右开弓抓在手里，兴奋地观看起来。正在这时，树皮里又跳出一只甲虫，他措手不及，立即把手里的甲虫放到嘴里，伸手又把第三只甲虫抓到。他对这些奇怪的甲虫爱不释手，只顾专注地欣赏手中的甲虫，把嘴里的那只给忘记了。嘴里的甲虫把他的舌头蜇得又麻又痛，他这才想起口中的甲虫,张口把它吐到手里。然后,不顾舌头的疼痛,揣着甲虫得意洋洋地向市内的剑桥大学走去。后来,人们为了纪念达尔文首先发现这种甲虫,就把它命名为"达尔文虫"。

决定一生的环球航行

1831年,达尔文从剑桥大学毕业。他放弃了待遇丰厚的牧师职业,依然热衷于自己的自然科学研究。这年12月,英国政府组织了"贝格尔"号军舰的环球考察,达尔文经人推荐,以"博物学家"的身份,自费搭船,开始了漫长而又艰苦的环球考察活动。

达尔文随"贝格尔"号进行环球考察。

考察期间,达尔文每到一地总要进行认真地研究,采访当地的居民,采集矿物和动植物标本,挖掘生物化石,发现了许多没有记载的新物种。

《物种起源》书影

在考察过程中,达尔文逐渐对神创论和物种不变论产生了怀疑。1832年2月底,"贝格尔"号到达巴西,达尔文上岸考察,向船长提出要攀登南美洲的安第斯山。当爬到海拔4000多米的高山上时,达尔文意外地在山顶上发现了贝壳化石。达尔文非常吃惊,心想:海底的贝壳怎么会跑到高山上了呢?经过反复思索,他终于明白,这是地壳升降造成的。达尔文脑海中一阵翻腾,对自己的猜想有了更进一步的认识:"物种不是一成不变的,而是随着客观条件的不同而相应变异!"

达尔文年轻时的画像

历时5年的环球考察让达尔文积累了大量的资料。回国之后,他一面整理这些资料,一面又深入实践,同时查阅大量书籍。1859年11月,达尔文经过20多年研究而写成的科学巨著《物种起源》终于出版了。在这部书里,达尔文旗帜鲜明地提出了"进化论"的思想,说明物种处在不断的变化之中,经历着由低级到高级、由简单到复杂的演变过程。

正伏案工作的达尔文

揭示元素之间秘密的化学家

门捷列夫
MENDELEEV

人物档案
姓　名：德米特里·伊凡诺维奇·门捷列夫
生卒年：1834年~1907年
出生地：托波尔斯克市
国　籍：俄国
身　份：化学家

门捷列夫

门捷列夫发现了化学元素之间的规律，发表了元素周期表，使人类对物质的认识向前迈进了一大步，对化学的发展意义重大。

艰难的求学之路

门捷列夫于1834年2月7日诞生在俄国西伯利亚的托波尔斯克市。父亲是位中学教师。在门捷列夫出生后不久，父亲因患白内障而双目失明，一家人的生活全仗着母亲经营一个小玻璃厂维持着。1847年，父亲因患肺结核去世。意志坚强而能干的母亲并没有因生活艰难而低头，她决心让门捷列夫像他父亲那样接受高等教育。

于是，中学毕业后，门捷列夫便来到莫斯科求学。因门捷列夫非豪门贵族出身，又来自边远的西伯利亚，莫斯科、圣彼得堡的一些大学拒绝收他入学。在挫折中，门捷列夫终于考上了医学外科学校。然而当他第一次看到尸体时，就晕了过去，只好改变志愿。通过父亲同学的帮忙，他进入了父亲的母校——圣彼得堡高等师范学校。母亲看到门捷列夫终于实现了上大学的愿望，不久便带着对他的祝福与世长辞了。

举目无亲的穷学生门捷列夫把学校当做了自己的家，为了不辜负母亲的期望，他发愤学习。在这所学院里，他得到了一些优秀教师的指导，特别是化学家沃斯克列森斯基对他的教诲，培养了他对化学研究的浓厚兴趣。

1855年，门捷列夫以优异的成绩从学院毕业。毕业后，他先后到过辛菲罗波尔、敖德萨担任中学教师。1857年1月，他被批准为圣彼得堡大学化学教研室副教授，当时他年仅23岁。

发现元素周期律

攀登科学高峰的路，是一条艰苦而又曲折的

人类早期的化学研究是从炼金术开始的。

路。门捷列夫在这条路上,也是吃尽了苦头。当他担任化学副教授以后,负责讲授化学基础课。他发现,在理论化学里应该指出的一些问题,如自然界到底有多少元素,这些元素间存在哪些异同和联系等,并没有得到很好的解决。为了解决这些难题,门捷列夫不分昼夜地研究,探求元素的化学特性和它们的原子特征,然后将每个元素记在一张纸卡片上,企图在元素全部的复杂的特性里,捕捉元素的共同性。但他的研究一次又一次地失败了。可他不屈服,不灰心,坚持干下去。

1859年,门捷列夫来到德国海德堡进行科学深造。

俄国化学家门捷列夫

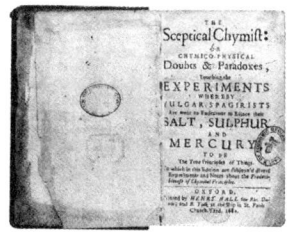

17世纪的化学家波义耳在他所写的书中提到元素为一种不能再被分解的物质,这一理论为后来的门捷列夫所应用和发展。

两年中,他集中精力研究了物理化学,这使他探索元素间内在联系的基础更扎实了。1862年,他对巴库油田进行了考察,对液体进行了深入研究,重测了一些元素的原子量,对元素的特性有了深刻的了解。1867年,他借参加在法国举行的世界工业展览俄罗斯陈列馆工作的机会,参观和考察了法国、德国、比利时的许多化工厂、实验室,大开眼界,丰富了知识。这些实践活动,不仅增长了他认识自然的才干,而且为他发现元素周期律奠定了雄厚的基础。

门捷列夫返回实验室后,继续研究他的纸卡片。他把重新测定过的原子量的元素,按照原子量的大小依次排列起来。他发现性质相似的元素,它们的原子量并不相近;相反,有些性质不同的元素,它们的原子量反而相近。他紧紧抓住元素的原子量与性质之间的相互关系,不停地研究着,终于在1869年发现了元素周期律。他的周期律说明:简单物体的性质,以及元素化合物的形式和性质,都和元素原子量的大小有周期性的依赖关系。门捷列夫在排列元素表的过程中,又大胆指出,当时一些公认的原子量不准确。实践证实了门捷列夫的论断,也证明了周期律的正确性。

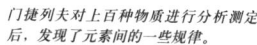

门捷列夫对上百种物质进行分析测定后,发现了元素间的一些规律。

人物档案

姓　名：威廉·康拉德·伦琴
生卒年：1845年~1923年
出生地：里乃堡
国　籍：德国
身　份：物理学家

伦琴

发现可透视光线的物理学家

伦琴
RONTGEN

他发现了X射线。X光的出现，不仅轰动了德国，而且震动了全世界，引起了物理学历史上的一场伟大的变革，由此他获得了诺贝尔物理学奖。

求学时代

伦琴出生于德国西南部莱茵河畔的小镇里乃堡。伦琴小的时候表现并不出众，父亲希望儿子能继承其商店的事务。母亲却不愿意把爱子限制在小镇里，她希望伦琴能到更广阔的天地去发展。

3岁时，伦琴随父母从莱茵河畔迁居到荷兰的大城市乌得勒支，他在那里开始上学。可是他并不是一个特别用功的孩子，他很喜欢野外活动，爱制造些机械玩具。

中学时期，老师不认为伦琴是一个守规矩的学生，伦琴的学习成绩也只属中等。一次，伦琴为了袒护朋友遭到老师的误解，使他没能拿到中学毕业证书。

1865年，伦琴来到了瑞士，在这里，他说服了苏黎士一家综合性科技学校的校长，允许他在没有中学毕业证书的情况下进行学习。伦琴在参加一次很严格的入学考试之后，得到了继续深造的机会。功夫不负有心人，3年之后，他拿到了机械工程系的大学毕业文凭。

1869年，伦琴以《煤气研究》这篇论文通过答辩获得了博士学位，并担任了物理学教授奥古斯特·康特的助手。在随后的19年间，伦琴在不同的大学工作，逐步赢得了优秀科学家的声誉。

发现X射线

1895年是划时代的一年，伦琴长期致力研究的阴极射线。（即看不到的阴性电载体）有了新的突破，为了彻底揭开谜底，伦琴下定

伦琴向社会公布他发现的X射线后，人们对此极不理解，媒体上出现了一些讽刺这一发现的漫画。

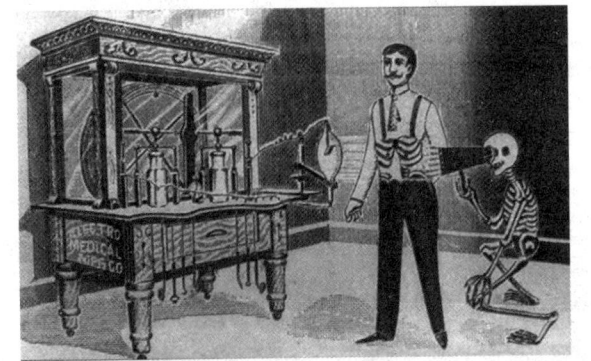

决心，独立对阴极射线做进一步研究。

这年11月8日，伦琴像平时一样，把一只放电管用黑纸严严实实地裹起来，把房间弄黑，接通感应圈，让电流通过放电管，黑纸没有漏光，一切正常后他截断电流，准备做放电实验。突然，眼前似乎闪过一道绿色荧光。刚才放电管是用黑纸包着的，荧光屏也没有竖起，怎么会有荧光呢？

伦琴以为是自己的错觉，于是又重新做实验，荧光又出现了。伦琴大为震惊，他一把抓过桌上的火柴，将它划亮。原来离工作台1米远处立着个亚铂氰化钡小屏，荧光是从那里发出的。

伦琴拍摄到的他妻子手指骨骼的照片，这是人类历史上第一张X光片。

伦琴兴奋地托起荧光屏，一前一后地挪动位置，可是那一股绿光总不会消失。接下来，他试着用书、薄铝片挡住射线，荧光屏上照样出现亮光。当他用一张薄铅片挡住射线时，亮光消失了。现在可以肯定这是一种新射线。他还发现，如果把照相底片放在管与纸板之间，底片还能感光。

伦琴于1901年获得诺贝尔物理学奖。

除了发现X射线之外，伦琴还在物理学的气体比热、毛细血管作用、极光旋转电磁性等方面开展了研究工作，并取得了一定的成就。

伦琴称这种光为X光。后来他为妻子拍了一张X光相片。这就是历史上最著名的一张相片，它照下了伦琴夫人的手骨结构。同时，伦琴发现，这种射线没有明显的普通光的特性（如反射、折射、衍射等），也不能在电场和磁场中偏转。基于这些基本的研究成果，伦琴写出了题为《论新的射线》的论文，并公布了这一发现，报告了这种射线的特性。由于这种射线的本性是什么尚未搞清，因而他为这种射线取名为X射线。

1895年，在维尔茨堡举行的医学物理学会会议上，伦琴宣读了他的学术报告，接着又在1896年和1897年发表了第二、第三篇学术报告。为了表彰伦琴的这一杰出贡献，瑞典皇家科学院于1901年在斯德哥尔摩将该年度的诺贝尔物理学奖授予了伦琴。

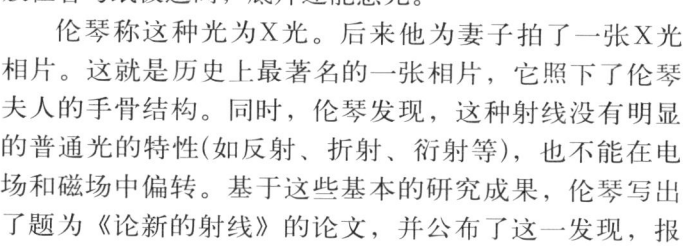

人物档案
姓　名：玛丽·居里
生卒年：1867年～1934年
出生地：波兰华沙市
国　籍：法国（原籍波兰）
身　份：科学家

居里夫人

勤勉敬业的女科学家
居里夫人
MARIE CURIE

她以自己的勤奋和天赋，在物理学和化学领域做出了杰出的贡献。她发现了造福于人类的新元素——镭，这使她成为举世闻名的科学女杰。

磨难中成长

居里夫人，即玛丽·居里，婚前名为玛丽·斯卡洛多斯卡，出生于波兰华沙市，父母是教师。当时的波兰处在俄国统治之下，玛丽出生后不久父母就失去了教师职位，他们的生活变得十分艰辛。贫困的生活让年幼的玛丽学会了亲自动手做各种事情，有时她还要帮父母做饭，以维持家庭。更为不幸的是，母亲和大姐在她不满10岁时就相继病逝了。艰难的生活培养了玛丽独立生活的能力，也磨炼出了她非常坚强的性格。

玛丽从小就对学习有着强烈的兴趣和特殊的爱好，她从不轻易放过任何学习的机会，处处表现出一种顽强的进取精神。她的父亲曾在圣彼得堡大学攻读过物理学，父亲追求科学知识如饥似渴的精神和强烈的事业心，深深地影响着小玛丽。她从小就很喜爱父亲实验室中的各种仪器，长大后她又读了许多自然科学方面的书籍，这使她急切地渴望到科学世界探索。

勤勉苦读

1891年，在父亲和姐姐的帮助下，玛丽渴望到巴黎求学的愿望实现了。在巴黎大学理学院，她决心学到真本领，因而学习非常勤奋用功。每天她提早从姐姐家出来，乘马车早早来到教室，坐在离讲台最近的座位上，以便清楚地听到教授所讲授的全部知识。为了节省时间和集中

少女时代的玛丽和同伴们一起嬉戏。

精力，入学4个月后，她从姐姐家搬出，住进学校附近一幢房的顶阁里。这间阁楼没有灯，只在屋顶上开了一个小天窗，依靠它屋里才有一点光明。清贫的玛丽对这种居住条件已很满足，她一心扑在学习上。虽然艰苦的生活日益削弱她的体质，然而丰富的知识使她的心灵日趋充实。1893年，她终于以第一名的成绩毕业于物理系。第二年又以第二名的成绩毕业于该校的数学系。在大学里，玛丽结识了皮埃尔·居里，后来二人结婚，玛丽成了居里夫人。

居里夫人和她的两个女儿

为纪念居里夫妇，世界许多国家都为他们发行了邮票。

忘我工作

1897年，居里夫人选定了自己的研究课题——对放射性物质进行研究。这个研究课题，把她带进了科学世界的新天地。居里夫人注意到从铀矿中萃取铀以后剩余的残渣较纯铀更具放射性。她认为除了铀以外，铀矿中还含有新的元素，这种元素也具有放射性。于是居里夫妇废寝忘食、夜以继日地按照化学分析的程序进行分析。经过不懈的努力，1898年7月，他们从其中一个部分里寻找到一种新元素，它的化学性质与铅相似，放射性比铀强400倍，并将其命名为钋。

发现钋元素之后，居里夫妇继续对矿石中放射性比纯铀强900倍的另一部分进行分析。经过浓缩、结晶，终于在1898年12月得到了少量的不很纯净的白色粉末。这种白色粉末在黑暗中闪烁着白光，据此居里夫妇把它命名为镭。

居里夫妇的新发现，掀起了科学界的轩然大波，但没有人看见钋和镭，没有人知道它们的原子量。为此，居里夫妇在很困难的条件下，坚持不懈地工作4年多，最终从8吨废沥青铀矿中制得1克纯净的氯化镭，并提出了放射线是带负电荷的微粒这一观点。

由于居里夫妇的惊人的发现，1903年12月，他们和发现铀盐释放射线的贝克勒尔一起获得了诺贝尔物理学奖。

失去皮埃尔的居里夫人仍然以严谨的治学态度进行实验研究。

为了提取镭，居里夫妇在棚屋实验室里待了将近45个月。

思想超越时代的科学家
爱因斯坦
EINSTEIN

人物档案
姓　名：阿尔伯特·爱因斯坦
生卒年：1879年～1955年
出生地：德国乌尔姆
国　籍：生于德国、1900年入瑞士籍、1940年入美国籍
身　份：物理学家

爱因斯坦

青年时期的爱因斯坦

爱因斯坦是20世纪最杰出的物理学家，是现代物理学的开创者，物理学革命的旗手。他的"相对论"思想左右着科技发展的步伐。

"笨孩子"的启蒙之光

爱因斯坦小的时候给人的印象一点也不聪慧，甚至显得"平庸迟钝"。他举止迟缓又怕羞，连说话也支支吾吾。上学后他经常因不会回答老师的问题而受罚，惹得父母时常担心他的智力不及平常人。老师也对他表示绝望，认为孺子不可教。

11岁那年，爱因斯坦读了欧几里得所著的一本几何书。在这本书里，他体会到了另一种惊奇：对于那些抽象的定理和逻辑，人的思维竟然能去证明它，这有多么奇妙！经过一番艰苦努力，他根据三角形的相似原理成功地证明了毕达哥拉斯定理，并认识到直角三角形各个边的关系仅仅取决于它是一个直角三角形，而与两个锐角的大小无关。

从这本神奇的几何书开始，爱因斯坦已经不满足于课堂上的学习，他开始自学中学数学的内容。在16岁以前，他已经熟悉了基础数学，掌握了微积分原理，而这些正是一名大学生所要学习的内容。17岁时，他考入苏黎士工业大学，踏上了学海求知之路。

向权威挑战

一次，爱因斯坦在乘坐马车时，忽然产生了一个奇怪的念头：如果有人以光速和光线同时前进，那么，是不是将看到光线就是静止在空间中的电磁波呢？根据传统的经典物理学理论，答案是肯定的。可是，爱因斯坦凭着推理和想象，认为那是不可能的。按照经典物理学的解释，除去相对运动外，还

有绝对运动,即相对于绝对空间的运动。而绝对空间,牛顿把它解释为:"绝对的空间,就其本性而言,与外界任何事物无关,而永远是相同的和不动的。"

可是,绝对空间既然和外界毫无关系,那么又是如何存在的呢?对这一问题,牛顿无法回答,只好把绝对空间以及绝对时间说成是上帝的创造,他还借用"以太"一词来表述万有引力的传播媒介。

爱因斯坦早就怀疑"以太"的存在问题,他想:难道光只有借助传播媒介才能传播吗?他认为:既然没有任何东西能够证明绝对空间和绝对时间的存在,那么,它们就是不存在的。就这样,爱因斯坦向权威发出了挑战。

生活中的爱因斯坦平易近人、和蔼可亲。

位于苏黎士的爱因斯坦实验室

解释相对论

经过一番探究,爱因斯坦提出了两个基本原理:光的速度是不变的;当物体运动的速度接近或达到光速时,相对该物体来说,时间将减慢。他又根据狭义相对论原理,推导出了物体的质量也与运动密切相关,运动速度增加,质量也随着增加,并得出了质能关系式 $E=mc^2$,即物体转化为能量时,能量的总值相当于它的质量与光速的平方的乘积,从而揭示了原子内部所蕴藏的巨大能量的秘密!

对于相对论原理,爱因斯坦自己曾经做过简明扼要的说明:"早先人们认为,假如由于某种奇迹,一切有形体的事物突然一下子消失了,那么空间和时间仍会留下来。用相对论来解释,空间和时间是和一切事物一起消失的。"

相对论的提出是爱因斯坦终生事业的标志。1917年,爱因斯坦用广义相对论的结果来研究整个宇宙的时空结构,发表了开创性的论文《根据广义相对论对宇宙学所作的考察》。这篇论文的发表将相对论原理引入了对宇宙奥秘的探索,从而宣告了宇宙学的诞生。

爱因斯坦正在发表学术演讲。

人物档案

姓　名：恩里科·费米
生卒年：1901年～1954年
出生地：意大利罗马
国　籍：美国
身　份：物理学家

费米

核能时代的揭幕者

费米
FERMI

近代杰出的物理学家，原子能事业的先驱。他在原子物理理论和实验物理学方面做出了突出的贡献，领导设计了对人类意义重大的第一座核反应堆。

年少志高

费米出生在意大利罗马，小时候他就表现出非凡的才能。从小就喜欢读书的费米根本不满足课堂上所学到的那点知识，他对数学和物理特别感兴趣，常找这方面的书来看。由于家中无藏书，自己手头也没有多少零用钱，费米只好到百花广场买一些价钱很便宜的旧书来读。书籍使费米着了迷，也开阔了他的眼界，使他知道世界上还有那么多诱人的秘密，还有许许多多至今尚未揭开的未知领域。

费米父亲的一位同事发现费米头脑灵活，思维敏捷，在数学和自然科学方面有着非凡的才能。于是他就有意识地培养费米，把自己的藏书循序渐进地借给费米，使费米一步一步地打下了牢固的基础。从那时起，费米就立下了要当一个物理学家的志向。

费米17岁时考入比萨大学师范学院。在比萨大学学习期间，费米每次走过那座世界闻名的斜塔时都会肃然起敬，伫立片刻。这个伽利略当年生活过的地方，处处给费米以科学的召唤。费米自信，伽利略的故乡在物理研究方面不该落在英、法、德等国的后面。

第一次链式核反应实验

1939年1月，费米参加了国际物理学年会，在年会上，费米获悉德国的物理学家哈恩发现了铀核裂变现象。费米对此感到极其震惊，他想：铀核"俘获"一个中子

费米的发现使原子弹的产生成为可能。

后，会分裂成两个大致相等的部分；如果铀核每次裂变放出一个以上中子，并且它们又能引起下一次裂变，那么如此循环下去，就有可能发生链式反应。想到这里，他随手掏出一张餐巾纸，立即在纸上计算出铀核分裂可能释放的令人难以置信的巨大能量。

物理学年会结束后，费米采用当时非常先进的回旋加速器，证实了链式反应不仅可能，而且速度快得惊人——前后两次反应的时间间隔只有五十万亿分之一秒。

但是，怎样才能在实践中实现链式反应呢？

费米知道，促使铀核裂变并形成链式反应的关键在于中子。在绝大多数情况下，中子释放速度太快，一下就不见了，因此很难被铀核"俘获"，为此费米明确了下一步的研究方向——寻找减速剂。经过大量的实验，费米终于找到了理想的减速剂——纯石墨。

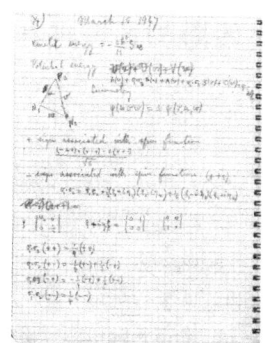
费米的笔记

核能时代的揭幕者——费米

1942年，在芝加哥大学的网球场内，费米带着一批物理学家，开始建造世界上第一座原子反应堆。反应堆的直径为7米，一层石墨一层铀，总共57层，整个反应堆高6米。乍一看，反应堆就像个扁球形的"炉灶"。在这个"炉灶"里，插着一根特制的镉棒，它能吸收中子，只要调节它的深入尺寸，就能够控制裂变反应速率。11月底，这个庞大而古怪的"炉灶"终于砌成了。12月2日，原子反应堆试运转，大家都在紧张地为此做准备。费米抬起手腕看了一下表，9时45分。他大声喊道："大家注意，现在启动反应堆！"此刻，所有在场的人的注意力都集中在"炉灶"上，等候费米的命令。

15分钟后，费米下令："抽出控制棒！"负责控制棒的那位物理学家，立刻把镉棒慢慢地向外抽出一些。人们屏住呼吸，只听得计数器的声响越来越快——铀核裂变开始了！一直守候在反应堆旁的物理学家们激动得互相拥抱起来，眼里闪烁着喜悦的泪花——人类终于打开了奇妙的原子能宝库的大门，利用原子能的时代从此开始了。

费米的原子反应堆试验成功。

宇宙之谜的探索者
史蒂芬·霍金
STEPHEN HAWKING

人物档案
姓　名：史蒂芬·霍金
生卒年：1942年～
出生地：伦敦
国　籍：英国
身　份：物理学家

史蒂芬·霍金

他用毕生精力研究黑洞和宇宙起源大爆炸原理。他提出的黑洞能发射辐射的预言现在已是一个公认的假说。

史蒂芬·霍金于1942年1月8日出生于英国伦敦。他从小就极其喜欢动脑，对事物的原理有着强烈的兴趣。1959年，17岁的他考进英国牛津大学学习物理。毕业后，他又考入剑桥大学研究生院，继续学习物理学。

然而，就在霍金不断地向科学高峰攀登的时候，病魔却无情地侵袭了他。1963年，霍金被确诊患上了"卢伽雷氏症"，即运动神经细胞萎缩症。大夫说，霍金的身体会越来越不听使唤，只有心脏、肺和大脑还能运转，到最后，心和肺也会失效。霍金没有被这个噩耗击倒，经过短暂的消沉后，他开始致力于理论研究工作。

1970年，在学术上声誉日隆的霍金已无法自己走动，他开始使用轮椅。1985年，霍金动了一次穿气管手术，从此完全失去了说话的能力。他就

人们推测出的宇宙黑洞现象

是在这样的情况下，极其艰难地写出了著名的《时间简史》，探索着宇宙起源的问题。

霍金的学术成就集中体现在对"黑洞"的研究上。首先，在此之前，学术界普遍认为"黑洞"是只吞不吐的，而霍金却认为黑洞是有温度的，而且不断释放出X光、伽马射线等。霍金的这一创建性的发现为宇宙学研究做出了重要贡献，因此，人们又将这种射线称为"霍金辐射"。

从宇宙大爆炸的奇点到黑洞辐射机制，霍金使宇宙学成为一门真正成熟的学科。而他那瘦弱的身体和不屈的精神，也将如恒星般永恒闪耀！

史蒂芬·霍金推出了轰动全球的论著《时间简史》。

[第五章]
Part5

发明大家

人类科技的发展只能用突飞猛进这样的词汇来形容。许多伟大的科技发明和创新使人们的生活发生了翻天覆地的变化。列文虎克发明的显微镜向人们展示了一个宏大的微观世界；瓦特改进、发明的蒸汽机引发了第一次工业技术革命的兴起；诺贝尔冒着生命危险发明了炸药，并将无私高尚的科学精神永远留在了人间；爱迪生发明的灯泡为人类送来一个光明的世界；贝尔发明的电话使人们的交流不再受空间距离的限制；莱特兄弟发明的飞机实现了真正的自由飞行，为人类迎来了航空史上的黎明……科技进步彻底改变了人类的生存方式。本章将为您讲述这些发明大家锐意创新的人生经历。

人物档案
姓　名：安东尼·冯·列文虎克
生卒年：1632年～1723年
出生地：代尔夫特
国　籍：荷兰
身　份：发明家、生物学家

列文虎克

看见微观世界的人
列文虎克
LEEUWENHOEK

显微镜的发明者，微生物学的开拓者。他用自己研制出的显微镜观察到了从未被人类看到过的微生物。这一发现为自然科学的发展开辟了一个广阔的新天地。

对磨镜产生兴趣

1632年，列文虎克出生在荷兰的代尔夫特。他的父亲是制造篮子的手工艺人，母亲来自酿酒人家庭。6岁时他的父亲就去世了。小时候列文虎克接受了一点基础教育，16岁时他就挑起了养家糊口的重担，到首都阿姆斯特丹的一家布店当学徒。

6年的学徒生活结束后，列文虎克回到家乡，凭自己的手艺开了一家布店。不过他很快就转了行，成为代尔夫特市政厅的看门人。看门比较轻松，时间充裕，在这儿，他还经常可以接触各行各业的人。一次，他从一位朋友那里得知，在阿姆斯特丹有许多眼镜店，除磨制镜片外，还磨制一种放大镜。朋友还告诉他，放大镜可以将很微小的东西放大，使观察者可以清清楚楚地观看物体。

列文虎克

好奇心强的列文虎克得知放大镜的功能后，也想拥有一个放大镜。当他跑到眼镜店一问，价格惊人，不是他所能支付的。好在列文虎克出身于艺人家庭，自己也当过学徒，手工活做得不错，看了眼镜店的人磨镜片的过程，便默记在心，回去后找来玻璃材料，利用自己的业余时间，开始磨制、装配玻璃透镜。为了用起来方便，他用两个金属片夹住透镜，再在透镜前面安装上一根带尖的金属棒，把要观察的东西放在尖上观察，并且用一个螺旋钮调节焦距。这样，一架显微镜就制成了。

此后数年里，列文虎克先后制作了400多架显微镜，放大倍数最高的达到200~300倍。

观察微观世界

有了自己的显微镜后，列文虎克将能够想到的小东西一个接一个地放在镜下，观看它们的真面目并认真记录下来。

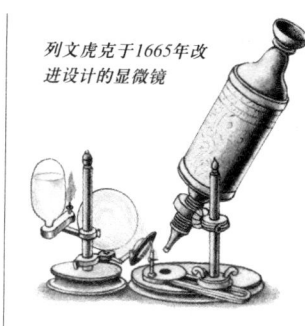

列文虎克于1665年改进设计的显微镜

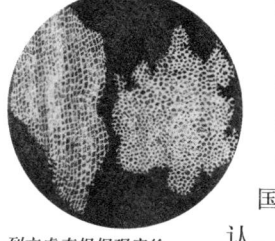

列文虎克根据观察绘制的细胞图像

1673年，列文虎克将观察记录材料整理成《列文虎克用自制的显微镜观察皮肤、肉类以及蜜蜂和其他虫类的若干记录》一文，寄给英国皇家学会，但没有得到学术界的承认。但列文虎克并不气馁，他继续用显微镜观察各种动植物。

1675年的一天，天空忽然下起了滂沱大雨，狭小的实验室又黑又闷，列文虎克无法再观察显微镜，便站在屋檐下的窗口，眺望雨水。忽然，他萌生了一个念头：用显微镜来看看雨水里有什么东西。于是，他跑到屋檐下，用吸管在地面上的积水坑里取了一管雨水，滴了一滴在显微镜下，进行观察。

"雨水怎么会是活的？"列文虎克不禁大叫起来。原来，他看到水里有无数奇形怪状的"小居民"在蠕动。他认为是自己的眼睛过于疲劳而造成的错觉，便揉了揉发涩的眼皮再看，结果仍与刚才一样。为了验证这个问题，列文虎克又将牙垢和泥土取来，放在显微镜下，结果也看到了"小居民"。列文虎克将这些实验记录，写成实验报告，寄给英国皇家学会。

列文虎克的这篇实验报告无异于向英国学术界投掷了一颗重磅炸弹，引起一片哗然。于是，英国皇家学会组织了考察团来到列文虎克的家中。科学家们在显微镜下观察到了水中的"小居民"。考察结束后，科学家们向英国皇家学会提交了书面报告，报告称："列文虎克在他的小实验室里创造了奇迹！"

列文虎克发现的"小居民"就是后来人们所说的细菌。他的这一发现，打开了微观世界的一扇窗口。1680年，列文虎克被选为英国皇家学会会员。这是对他20年来刻苦钻研的最好褒奖。

可用双眼同时观察的现代双目显微镜。

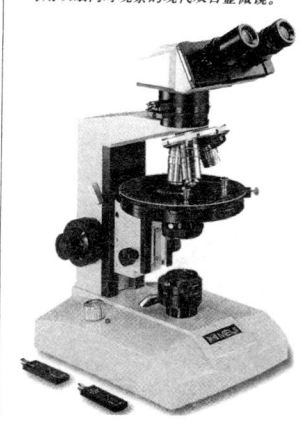

自学成才的机械师
瓦特
WATT

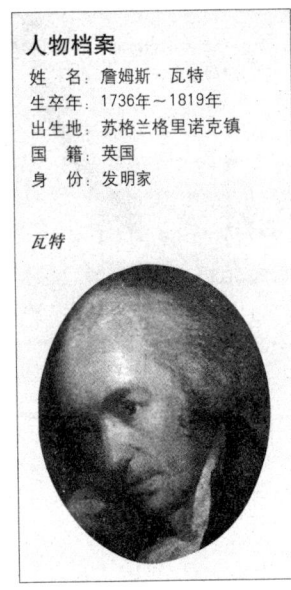

人物档案
姓　名：詹姆斯·瓦特
生卒年：1736年~1819年
出生地：苏格兰格里诺克镇
国　籍：英国
身　份：发明家

瓦特

英国近代著名的发明家、工程师,世界上第一台单动式蒸汽机和联动式蒸汽机的发明者,为英国工业革命的兴起做出了杰出贡献。

倔强少年

1736年1月19日,瓦特出生在苏格兰的格里诺克镇。父亲是一位熟练工人,后从商;母亲出身望族,有着良好的家世与教养,对幼年的瓦特进行了很好的启蒙教育,培养了瓦特观察思考的兴趣和动手实践的能力。

童年的瓦特身体非常虚弱,骨瘦如柴。贫病交加的境况,使他失去了进入学校读书的机会。时间长了,孩子们也都不体谅他,见他不上学,游手好闲,常常半真半假地说他坏话,叫他"懒孩子"、"病包子"。瓦特听后很不高兴。

瓦特从小性格就很倔强,从玩玩具上就可略见一斑。他和别的孩子一样都喜欢玩具,但是与众不同的是,到他手里的玩具一定会被拆开,零件被卸下。他要看个究竟,弄个明白,然后再按照玩具原来的模样,安装上,组合好,使其恢复原状。

瓦特很有自尊心,他不甘心这样虚度童年,他想读书,渴望学习。在他强烈的要求下,父母只好答应,不管春夏秋冬,不管怎样辛苦劳累,都要抽空教他读书、写字,有时还引导他学些算术。就这样,童年的瓦特在贫寒的家庭里,过着他那聊以自慰的学习生活。学的知识虽不多,他却记得很牢固,有时还能举一反三。

坎坷的创新之路

15岁时,瓦特读了一些工艺和物理方面的书籍,他开始尝试做一些模型,小起重机、小辘轳、小抽气筒以及船上用的各种物件。父亲被孩子的好学精神

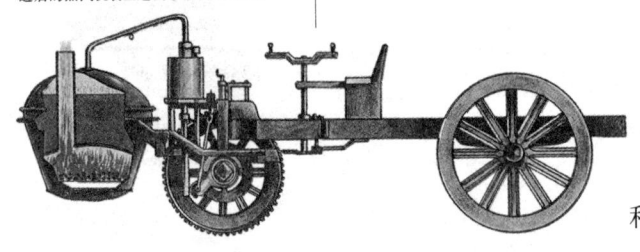

1769年,法国人尼古拉·裘诺利用瓦特改进后的蒸汽机装置造出了蒸汽动力车。

感动了，慷慨地把自己使用多年的一套木工工具送给了瓦特，以示支持。

1753年，对瓦特来说是非常不幸的一年。这年，母亲因病去世，父亲在商业上也不顺利，瓦特的大学梦破灭了。瓦特只好自谋生路，单身前往伦敦去学习制造教学器具的技艺。瓦特在伦敦吃尽苦头，经常忍饥挨饿。一年以后，瓦特竟掌握了制造教学器具的全部工艺。

蒸汽机的广泛应用给人们带来了极大的便利。图为19世纪早期英国煤矿使用蒸汽机的情景。

不久，格拉斯哥大学的迪科博士来信，建议瓦特到那里去维修许多在海上运输中破损的天文仪器。瓦特到了那里，很快修好了那些天文仪器，颇受迪科博士的赞赏。在迪科博士的帮助下，瓦特在格拉斯哥大学某建筑物的角落里，开了一个类似大学附属教学仪器制造所的店铺，出售各种教学器具、乐器、玩具以及其他一些杂品，兼作一些修理工作。

1764年，格拉斯哥大学的一台纽可门蒸汽机的教学模型坏了，请瓦特来修理。瓦特不但很快地修好了这台模型，而且对这台当时最先进的蒸汽机进行了深入研究。他发现这种机器存在着很严重的缺点，那就是汽筒裸露在外边，蒸汽放进去后，还没等汽筒热透，就有一部分变成水了，效率极低。

以后，瓦特开始思考改进的办法。1765年的春天，在一次散步时，瓦特想到，既然纽可门蒸汽机的热效率低是蒸汽在缸内冷凝造成的，那么为什么不能让蒸汽在缸外冷凝呢？瓦特产生了采用分离冷凝器的最初设想。思路豁然开朗后，瓦特立即回到了修理间，开始工作了。他废寝忘食地研究，夜以继日地实验，排除了重重困难，终于制成了"分离凝结器"。这是瓦特对蒸汽机的最大贡献。

瓦特

1769年，瓦特把蒸汽机改造成发动力较大的单动式结构。后来又经过多次研究，他于1782年完成了新的蒸汽机的试制工作，机器上有了联动装置，把单动式改为旋转运动，完善的蒸汽机出现了。

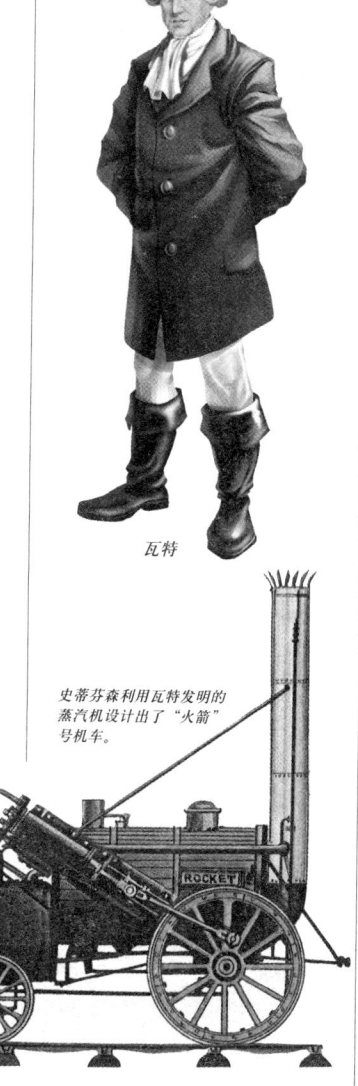

史蒂芬森利用瓦特发明的蒸汽机设计出了"火箭"号机车。

人物档案

姓　名：艾尔费雷德·诺贝尔
生卒年：1833年~1896年
出生地：斯德哥尔摩
国　籍：瑞典
身　份：发明家、化学家

诺贝尔

流芳百世的发明家

诺贝尔
NOBEL

著名的发明家、化学家。他将自己的遗产作为基金，奖励给在物理、化学、生理、医学、文学及和平事业做出重要贡献的人，这就是闻名于世的"诺贝尔奖"。

自学成才

诺贝尔出生在瑞典首都斯德哥尔摩一个实业家的家庭。父亲伊曼纽尔·诺贝尔是一位颇有才干的机械师、发明家。诺贝尔从出生的第一天起就纤弱多病，全靠母亲的精心照料才活了下来。由于健康不佳，诺贝尔8岁时才上学，且只读了一年。

1841年，诺贝尔全家迁居到俄国的彼得堡。在俄国由于语言不通，诺贝尔和两个哥哥都只好在家庭教师的指导下学习语言，当有了一定的俄语基础后，再跟俄国教师学习自然科学和工程技术。体质虚弱的诺贝尔学习特别勤奋，他那好学的态度，不仅得到了教师的赞扬，也赢得了父兄的喜爱。1843年，诺贝尔终止了学业，来到父亲开办的工厂当助手。

1850年，父亲让他出国进行旅行学习。两年中，他先后去过德国、法国、意大利和美国。当返回俄国时，他已成长为一位精通德、英、法及俄语的学者，受过科学训练的化学家。回家后，他立即投入到父亲创办的"诺贝尔父子机械铸造厂"工作。当时工厂正为俄国生产急需的武器装备。在工厂的实践训练中，诺贝尔考察了地雷、水雷及炸药的生产流程，研究过大炮和蒸汽机的设计。在这里他不仅学到了很多实用的工艺技

由于政府禁止重建工厂，诺贝尔只好把他的试验场地搬到马拉湖中的驳船上。

术，还熟悉了工厂的生产和管理。

可怕的炸药

1859年工厂破产后，诺贝尔重返瑞典，并开始从事炸药的研究。他在改进高效能炸药的实验中屡遭失败。1864年9月3日，诺贝尔的炸药实验遭受到严重的挫折。实验室被炸药夷为平地，5人在爆炸中不幸遇难，他的弟弟埃米尔也在其中，诺贝尔和父亲也受了重伤。因此，瑞典政府当局下令禁止诺贝尔在陆地上做试验。家人因为已经失去了一名亲人，也劝阻诺贝尔，希望他能放弃这个危险的试验。诺贝尔经过冷静和理性地反省，全面而深刻地总结，决定迎着困难继续他的与死神"捉迷藏"的试验。这一次，诺贝尔为了最大程度地降低试验所带来的危险，索性就租来一只船，到离斯德哥尔摩不远的马拉湖中去做试验。

1867年，诺贝尔终于研制出了"安全炸药"——三硝基甘油和硅藻土的混合物，又称硝化炸药。同年，诺贝尔获得了专利。"安全炸药"迅速被用于开矿和筑路工程，受到了全世界用户的欢迎。生产诺贝尔炸药的公司也发展成为了世界性的企业。

实验室中的诺贝尔

诺贝尔奖章上的诺贝尔像

诺贝尔这一名字在世界上几乎是家喻户晓，这不仅因为诺贝尔在化学化工发展史上做出了杰出的贡献，更重要的是他为了促进科学的发展而设置了世界瞩目的诺贝尔科学奖。

伟大的宿愿

与许多富豪不同，诺贝尔轻视金钱和财产。当母亲去世时，他将母亲留给他的遗产全部捐献给瑞典的慈善事业，仅留下慈母的照片作为纪念。他曾经说："金钱这种东西，只要能够解决个人的生活就行，若是过多了，就会成为遏制人类才能的祸害。对于有儿女的人，如果除去留给必需的教育费用外，再传给他很多的财产，我认为那是错误的，这样只能鼓励懒惰，使他不能发展个人的独立生活能力和才干。"

后来，诺贝尔把自己亲手积累起来的巨额财富全部献给了人类和平与进步事业。1895年11月27日，他在遗嘱中写道："请把我的全部财产作为基金，以其利息作为奖金……每年奖给为人类做出最卓著贡献的人……不论世界上哪个国家的人都可获奖。我衷心希望世界上最有成就的人获奖！"

让发明改变世界的人
爱迪生
EDISON

人物档案
姓　名：托马斯·爱迪生
生卒年：1847年～1931年
出生地：俄亥俄州米兰镇
国　籍：美国
身　份：发明家

爱迪生

举世闻名的美国发明家为人类掀起了无数次技术革命。除了发明长久耐用的电灯外，他还有1000多项发明专利，为人类社会的进步发展做出了巨大的贡献。

勤学好问的少年

14岁时的爱迪生

爱迪生是一个好奇心特强的孩子。即使还在幼年时代，他就爱读书和爱问为什么。因为他如此爱好空想和突发奇问，以致一位老师有一次骂他愚蠢。爱迪生的母亲对这个评语很不高兴，她令爱迪生退学不再返校。母亲自己照管爱迪生的教育，教他阅读，教他历史、科学和哲学等。爱迪生读起书来，领会很快，而且过目不忘，不到12岁，他就读完了不少难读的书，父亲还引导他攻读过牛顿原理。家庭的教育和影响使爱迪生从小就养成了勤奋的精神和惊人的毅力。

迷上实验

爱迪生很喜欢科学。他很小就在自己家的地窖里储存了几百个各种试验用的瓶子，建起了一个小实验室。他把平时省吃俭用的钱，全部花在购买化学用品和化学仪器上。但光靠这点钱是不能满足试验需要的，于是他就到火车上当卖报童。

爱迪生每天清晨登车，晚上9时后回家，搞完试验常常到深夜才能休息。后来，他发现火车上行李车厢中有一间吸烟室未用，就把家中地窖里的试验品搬到这来，坚持做试验。

有一天，火车摇晃，行李滑下

爱迪生被列车长扇聋了耳朵。

来，把爱迪生试验用的一支磷杆摔到地上，车厢立即着火。火被赶到现场的人扑灭了，可是车长却一巴掌扇聋了爱迪生的耳朵，造成终身残废，"车厢实验室"也不得不关门。困难和挫折并没有影响爱迪生搞科学实验的决心，他又在家中建起实验室。爱迪生这一时期所作的努力，大大有助于他日后的发明创造。

走向发明之路

1869年，爱迪生借了些钱来到纽约。在纽约的头三年里，饥困交加的他四处谋生。后来，他被允许夜宿在一家电池室里，室内设有一台发布股票行情的通信机器。在他到来的第三天早上，这部机器出了故障。由于他留心钻研，很快帮助人家修好了这台机器，因而被这家股票电报公司留用，并开始改进这台机器。经他改进，这台机器可以印出关于金价的全部情报，而不只是以少数字母和数字来显示行情。这是他第一个巨大的成功。股票电报公司的经理马歇尔·莱费兹出资4万美元把这台机器和爱迪生的其他几项发明买了下来。

爱迪生就拿这笔新到手的钱做生意。他在新泽西州纽阿克市开了一家工厂。很快他就雇了150人，开始制造记录股票行情的机器。与此同时，他则继续试验自己的一些新想法。

1876年，爱迪生在新泽西州门罗园建造了一个车间和实验室。在这里，爱迪生改进了早期由贝尔发明的电话，并使之投入了实际应用；还发明了自己心爱的一个项目——留声机。

爱迪生在发明留声机的同时，还在进行电灯的发明。在经历了无数次失败之后，他终于对电灯的研究取得了突破。1879年10月21日，他点燃了第一盏真正有广泛实用价值的电灯。为了延长灯丝的寿命，他又不断地重新试验，大约试用了6000多种纤维材料后，才找到了新的发光体——碳化后的竹丝，可持续照明1000多小时，达到了耐用的目的。

爱迪生一生共获得1000多项发明专利，可以说他的各种发明为世界增加的财富可能比历史上任何一个人都多。他这样总结自己成功的秘诀：一分灵感，九十九分血汗。

在这幅象征性的肖像画中，爱迪生的双耳被画成电灯泡。

爱迪生正在专心工作。

晚年的爱迪生仍孜孜不倦地工作。

电话之父
贝尔
BELL

人物档案	
姓　名：	亚历山大·格雷厄姆·贝尔
生卒年：	1847年～1922年
出生地：	英国爱丁堡
国　籍：	美国
身　份：	发明家

贝尔

在经历了数不清的挫折、磨难和失败后，贝尔终于成功地发明了现代众多通讯手段中最方便、最有效的工具——电话。

淘气少年的成长

贝尔于1847年3月3日出生于英国苏格兰的爱丁堡。他的父亲和祖父都是著名的语言学家。贝尔的父亲还创造出了一套借助手势、口型来表达思想感情的"哑语"，给聋哑人带来了很大的方便。贝尔从小生活在这样的环境中，不断受到熏陶，对语音学产生了浓厚的兴趣。不过，贝尔并不是神童，他在语音学方面算个小内行，可是其他功课却总也跟不上。

贝尔很淘气，且十分贪玩。据说他的书包里常常装着麻雀、老鼠、小狗之类的小东西，以至于有一次上课的时候，他的小老鼠从书包里逃了出来，满教室乱窜，使全教室的学生你追我赶，弄得老师根本没办法上课。他的功课也因为贪玩好动而成绩不好，15岁的时候他就离开了学校。

后来贝尔被祖父接到伦敦严加管教。祖父疼爱他，但教书时却格外严厉。贝尔起初望而生畏，但他后来却喜欢上了这位花白胡子的祖父。祖父的知识渊博得如同百科全书，贝尔从他那儿捕捉到了智慧之光，也培养了他对科学的兴趣。

对电学产生兴趣

1864年，17岁的贝尔进入苏格兰的爱丁堡大学学习。由于受家庭的影响，他选择了语音专业。1867年，他又到伦敦大学继续攻读语音学。毕业后，他到加拿大一所中学教语音课。贝尔在语音学方面广博

贝尔与沃森在位于波士顿的实验室里探讨着有关电话研究的话题。

而精深的知识，很快引起了专家们的重视。

贝尔25岁时被聘为美国波士顿大学的语音学教授，后来便定居美国。在一次偶然的实验中，贝尔发现了一个有趣的现象：电流导通或截止的时候，螺旋线圈发出了噪音。于是一个大胆的设想就在贝尔的脑海中出现了：在讲话的时候，如果能够使电流强度的变化模拟出声波的变化，那么用电流传递声音的设想不就能够实现了吗？

贝尔年轻时的照片

1892年，贝尔在纽约至芝加哥的通话仪式上。

当贝尔把这个想法告诉电学界的人时，许多人都说贝尔是痴心妄想，因为贝尔对电学一窍不通。然而贝尔并没有因此灰心丧气。为了了解电学知识，贝尔专程赶到华盛顿向当时美国威望很高的物理学家约瑟夫·亨利请教。亨利听了贝尔的设想后，对贝尔说："你有一个很了不起的设想，小伙子努力干吧！"这位大科学家极大地鼓舞了贝尔研制电话的信心。

从此，贝尔专心致志地研究起电学来，业余时间几乎全部用在了电学的研究上，很快他便掌握了所需的电学和声学知识。1873年，贝尔辞去波士顿大学语音学教授的职务，租了近郊公寓的一间破旧拥挤的小屋，开始正式地搞起实验来。两年中，他和助手进行了无数次的实验，经历了数不清的挫折、磨难和失败。

电话通了

1876年3月10日这天，贝尔和助手沃森分别在两个房间里准备做对话实验。贝尔不小心把桌子上的硫酸弄翻了，结果硫酸撒在了他的腿上，不仅烧坏了他的裤子，同时也把他的大腿烧得火辣辣的。烧疼了的贝尔忍不住叫了起来："沃森，快过来，我遇到麻烦了！"隔壁房间正拿着听筒和对话筒的沃森清楚地听到了贝尔的喊叫，他也高兴地叫了起来："我听到了，贝尔先生！"就这样，贝尔终于成功发明了电话。同年，贝尔取得了电话发明的专利权。

贝尔

实现人类飞行梦想的勇者

莱特兄弟
WRIGHT BROTHERS

人物档案
姓　名：威尔伯·莱特
　　　　奥维尔·莱特
生卒年：威尔伯(1867年~1912年)
　　　　奥维尔(1871年~1948年)
出生地：代顿市
国　籍：美国
身　份：发明家

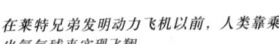
莱特兄弟：哥哥威尔伯(右)、弟弟奥维尔(左)

飞机发明人、现代航空之父。他们研制出的动力飞行装置终于实现了人类飞向天空的梦想，这一发明也为未来航空事业的发展奠定了坚实基础。

小小发明家

莱特兄弟二人，从小就十分喜欢摆弄旧机械，所以总是使屋子里到处散落着铁钉、铁片、铁丝和发条，把家里搞得乱七八糟。尽管如此，父母并不指责他们，父母都认为，他们兄弟俩虽然顽皮，但是喜爱机械，又富于幻想，这样发展下去，也许将来会有所成就，因此，在很多方面，哥俩儿都获得了父母的支持。小哥俩心灵手巧，配合默契，经常制造一些小玩具，父母对此感到非常高兴。

1878年6月，莱特一家迁到了依阿华州。由于住地经常迁移，兄弟俩不断转学，学业受到影响。同时，他们对学校的功课也不怎么重视，倒是对一些新奇的事物十分注意，并且有着浓厚的兴趣。莱特兄弟在郊外玩耍时，特别喜欢观察鸟类的飞行，常常讨论鸟类为什么能在天空中飞翔。为了制作一只飞鸟，他们除了把零花钱积攒下来之外，还拾骨头，将其卖给磷肥厂，出售自制的风筝和其他玩具，然后将挣来的钱购买实验材料，做成了一只安上橡皮盘的大飞鸟。少年时代的莱特兄弟就是这样，勇于创新，不断地制造出新奇好玩的东西。

自主创业

因为父亲的缘故，兄弟俩对印刷产生了兴趣。莱特兄弟在父亲的支持下买了一台印刷机，开办了"莱特小件印刷社"。随着印刷业务的发展，兄弟二人不断更新印刷机，由于他们勤奋工作，事业开始蒸蒸日上。

接着，莱特兄弟发现自行车在美国很受欢

在莱特兄弟发明动力飞机以前，人类靠乘坐氢气球来实现飞翔。

迎,他们本来就喜欢搞机械,现在又意识到,自行车作为交通工具的时代来临了。于是,兄弟俩经过一番商议,决定从事一项新的事业,开办自行车店。由于莱特兄弟装配的自行车质优价廉,因此,他们车店的自行车往往供不应求。为了应付不断扩大的业务量,1895年他们搬入新的厂房,开始自己制造自行车。在自行车生意兴隆的岁月里,莱特兄弟并没有陶醉于已经取得的成就,他们还在不断地思索和创造,并设计制造了适用于轧棉机、缝纫机、打字机、割草机等机械上的各种工具和零件。

研制飞机

19世纪末,科学技术的进步使得人们离上天飞行的梦想越来越近。1895年,莱特兄弟读到一条有关奥托·李林达尔在德国进行滑翔实验的消息。这条消息触动了莱特兄弟少年时代的梦想,他们的兴趣又一次转移了,兄弟俩开始留心搜集有关的资料。1896年,一条不幸的消息传来,李林达尔在一次飞行事故中丧生,人们由此对能否实现上天飞行产生了怀疑。莱特兄弟在悲痛的同时,决心把前辈未完成的事业继续下去。他们一面广泛阅读有关飞行的书籍和鸟类飞行原理的论著,一面反复进行试验。

1899年初,莱特兄弟向华盛顿的史密斯学会发出了求助信,索取有关航空的资料。很快,史密斯学会就给这两位热心者寄来了他们手头上所有的相关资料。莱特兄弟欣喜若狂,他们开始认真钻研起这些前人的研究成果。莱特兄弟还直接向鸟类学习,常常一连几个小时都仰面躺在地上,仔细观察和研究鸟类在起飞、升降和盘旋时的情况。

在积累了大量的资料、掌握了丰富的航空知识的情况下,莱特兄弟更加坚信:人类一定可以"上天"。经过充分的准备,他们开始自己动手制造"飞行器"。

1900年8月,莱特兄弟的第一架滑翔机制造成功。10月,他们开始进行试飞了。但是,试飞的结果并不理想,飞机只能勉强升空而且很不稳定。经过认真的分析,他们发现自己所沿用的前人数据存在着理论上的错误。于是,莱特兄

莱特兄弟成了成功的自行车销售商,他们所有重要的研究都是在自行车销售旺季的闲暇时间里完成的。

莱特兄弟通过实践学习,成长为熟练的技师,这为他们发明飞机创造了条件。

弟制造了一个风洞,以便通过在风洞的实验来修正飞行数据,设计飞机。此后,兄弟二人又制造出了两架滑翔机。滑翔机试飞成功了,这给莱特兄弟极大的鼓舞。在此基础上,莱特兄弟又开始考虑研制安装动力装置的飞机。经过多次滑翔操作和装置改进后,安装上发动机的飞机终于研制出来了。

莱特兄弟于1903年12月17日在美国北卡罗来纳的基蒂霍克成功试飞人类历史上第一架装有发动机的飞机。

试飞成功

1903年10月,莱特兄弟研制的飞机第一次试飞,但飞机只在空中飞行了三秒半就掉了下来。因为飞离地面不高,驾驶飞机的威尔伯幸运地没有受伤。1903年12月17日,莱特兄弟决定让修好的飞机在美国北卡罗来纳州基蒂霍克的一片海边的空地上进行当众试飞。在试飞的前一天,试验场附近的村子里出现了一张通告:明晨10时,将在海边进行世界上第一次载人飞机的试飞,敬请前来参观。

试飞的时间到了,但参观的人除了必要的三名急救人员外,只有两名观众。莱特兄弟决定不再等了。10时35分,试飞开始了。弟弟奥维尔坐在飞机的座椅上,哥哥威尔伯启动了发动机,随着一阵震耳欲聋的轰鸣声,飞机离开轨道在空中飞行起来。

在场的人都把心提到了嗓子眼儿。12秒钟过去了,飞机在35米外的地方摇摇晃晃地着陆了。"成功了!"在场的人高兴地大喊,莱特兄弟紧紧地拥抱在一起,眼里噙着激动和喜悦的泪花。虽然这次试飞的滞空时间很短,飞行高度很低,飞行距离很短,但它却是人类第一次实现机器动力飞行。莱特兄弟试飞成功预示着动力飞行时代的到来。

莱特兄弟试飞成功。

在此之后,莱特兄弟又相继研制成功了一系列性能更优良的飞机。人们对人类上天飞行的怀疑终于结束了。

第六章
Part 6
文学泰斗

文学是表述人类情感的工具,自从以歌谣、传说之类的形式诞生以来,经历了长久的发展阶段,其形式和内容也日渐丰富,这得益于历史上众多文学家们的伟大工作。博学多才的但丁将激情与理想融入到《神曲》中;莎士比亚以戏剧为舞台,创造出罗密欧、朱丽叶、哈姆雷特等深入人心的艺术形象;巴尔扎克在看尽世间百态之后写出《人间喜剧》,展现给世人一个人间大舞台;童心未泯的安徒生为孩子们创造了一个奇幻的童话王国;从小就体验生活之苦的马克·吐温用他的幽默之笔无情揭露现实社会……翻开本章,您可以发现,其实每位文学家的生活历程本身就是一部极佳的作品。

中世纪的最后一位诗人
但丁
DANTE

人物档案
姓　名：但丁·阿利吉耶里
生卒年：1265年～1321年
出生地：佛罗伦萨
国　籍：意大利
身　份：诗人

但丁

意大利文艺复兴运动前夕最有代表性的作家,他坚决反对中世纪的蒙昧主义,用诗表达执著追求真理的思想,写下不朽巨著《神曲》。

博学多才的少年

但丁诞生在意大利佛罗伦萨一个破落贵族家庭,从小受到良好的教育。在但丁五六岁时,母亲去世,从此小但丁变得沉默寡言,不爱说话,喜欢沉思。

失去母爱的但丁和读书、写诗结下了不解之缘。书中那流畅而音韵铿锵的文句,诗里那五光十色、极富想象的憧憬,给但丁孤独、寂寞的心灵增添了新的气息。知识点燃了他的热情,他把自己的全部精力投入到学习当中。

但丁早年师从当时的著名学者布鲁奈托·拉丁尼,在老师的精心指导下,他的文学和修辞都有很大长进。后来,他曾在伯佗、波洛奈和巴黎大学相继学习和深造,同时又勤奋自修。他在修道院里认真旁听,潜心攻读荷马、维吉尔、贺拉斯、奥维德的诗卷,广泛涉猎一系列的哲学著作,又深入研究了亚里士多德的哲学体系。对于拉丁文、诗学、修辞学、古典文学、伦理学、哲学、神学、历史、天文、地理、音乐、绘画,但丁都非常喜欢,进行过研究。18岁以前的但丁已经是一个知识广博的人了,写出过许多流畅动人的诗歌,他那出众的才华很快就远近闻名了。

为爱情创作《新生》

但丁以他非凡的才智、渊博的知识和艺术上的自信,在1292年至1293间年写出了被他自己称为"小书"的诗歌集《新生》,以纪念他的女

图为但丁路遇贝娅特亚齐。在《新生》中,贝娅特亚齐成了善心、美德的象征,她是但丁走向理想境界的引路人。在《神曲》中,她带领但丁进入了天国,见到了上帝。

友——贝娅特亚齐。贝娅特亚齐是但丁少年时邻居家的姑娘,虽然他们只见过几次面,但丁却把她视为崇高美德的化身,对她产生了带有神秘色彩的精神爱情,并为她写下了许多诗歌。1290年,25岁的贝娅特亚齐因病去世,但丁十分悲伤,又写了一些哀悼的诗。为了纪念贝娅特亚齐,但丁把这些诗歌收集起来,用散文串联起来组成诗集,取名《新生》。

流放岁月

但丁写作的情景

1302年,由于政治斗争,但丁被判永久流放,开始了近20年的流放生涯。

在1304年至1307年,但丁创作了《飨食》。这是一部百科全书性质的诗体论文集,作品体现出"人的高贵在于具有崇高的思想,而不

但丁所著《神曲》一书的原版书影

但丁于1307年开始创作《神曲》,历时14年,于1321年完成这部巨著。

在于等级地位的高低"的思想。从但丁整个创作思想发展过程来看,《飨食》是从《新生》向《神曲》过渡的桥梁。

1308年,卢森堡的亨利七世成为神圣罗马帝国皇帝并要派军进攻意大利。但丁得知后,以为这是回国的最佳时期,于是立即联合流亡者,与各地同党加强联络,策划回国。为此,他写了著名的《帝制论》,主张政教分离,反对教皇干涉政治,要求建立统一的意大利国家。但事与愿违,亨利七世于1313年去世,但丁借此返回故乡的愿望也成为泡影。

《神曲》的创作始于1307年,但丁经过14年的呕心沥血,直到1321年去世前才完成这部伟大的著作。《神曲》有着鲜明的目的和深厚的思想基础。政治上的挫折和个人的不幸遭遇使但丁感到在生活中迷失了方向。放逐期间,他看到意大利和整个欧洲处于纷争混乱状态,因而对祖国和人民的命运怀有深切的忧虑,但他坚信在不久的将来会有实现和平统一的人出现。

但丁《神曲》的创作标志着欧洲中古文学向近代文学的过渡。恩格斯因此称他是"中世纪的最后一位诗人,同时又是新时代的最初一位诗人"。

多产的戏剧天才
莎士比亚
SHAKESPEARE

人物档案
姓　名：威廉·莎士比亚
生卒年：1564年~1616年
出生地：斯特拉福镇
国　籍：英国
身　份：戏剧作家

莎士比亚

欧洲文艺复兴时期杰出的英国戏剧家,世界戏剧艺术中的泰斗,古往今来最伟大的作家之一。他的众多作品到现在仍深刻地影响着世人。

与戏剧结缘

莎士比亚的童年过得无忧无虑。他的父亲经商有道,生意兴隆;仕途坦荡,飞黄腾达,当上了斯特拉福镇的镇长。母亲出身于富商之家。儿时的莎士比亚,性格活泼、好奇,喜欢听故事,好幻想。

17世纪时的英国,戏剧演出非常普遍。

莎士比亚5岁时,一个剧团来到斯特拉福,这在斯特拉福还是破天荒的第一次。当时英国许多城市执政者信奉清教,主张清心寡欲,讨厌一切娱乐活动。莎士比亚的父亲比较开明,所以接待了剧团。

首场演出是专门招待当地市政委员会的头面人物和他们的家属的。演出在圣十字互济会教堂举行。剧团早已为官员们准备好了舒适的座位。莎士比亚坐在父亲和母亲中间,聚精会神地观看演出。

莎士比亚完全被舞台上的精彩表演吸引住了,他从来没有像这样开心过。戏演完散场以后,他不知道自己是怎样跟着父母回家的,脑子里全是舞台上演出的情景。这次看戏使小莎士比亚对戏剧着了迷。自此以后,在他幼小的心灵中就埋下了一颗戏剧的种子。

莎士比亚背井离乡,前往伦敦谋生。

伦敦谋生

莎士比亚十五六岁时,由于家道中落,只得辍学在家。18岁时,他便结了婚。几年后,他有了3个孩子,他们本不富裕的生活更加举步维艰。

1587年,年仅20岁的莎士比亚怀着彻底改变命运的理想，背井离乡，只身到伦敦谋生。当时的伦敦，已是一个大都市。政府屡屡颁布一系列惩治"流浪汉"的"血腥立法"，致使"流浪汉"的生活处境更加艰难。这一切，对于莎士比亚来说，无疑是雪上加霜。初到伦敦的莎士比亚，常常是饥寒交迫，百无聊赖，他只好到剧院门口当马夫，靠伺候那些骑马前来看戏的富人挣得一点收入。

由于莎士比亚做事勤快，人缘也好，加上自己对戏剧产生的深厚兴趣，他终于寻得机会结识了更多的剧院人士。他慢慢由勤杂工变成了临时替身演员，在个别演员缺席或因故迟到时，客串一些小角色，到最后，他开始担任导演，并尝试改编与创作新剧本。慢慢地，他成了剧团离不了的大红人。

年轻时的莎士比亚

力作不绝

莎士比亚作品书影

1588年前后，莎士比亚创作出了自己最早的历史剧《亨利六世》。该剧热情歌颂了英勇殉国的英军将领。1592年，伦敦鼠疫流行，莎士比亚在此期间读了很多书，以提高自己的文学素养。他还同各阶层的人士交往，丰富自己的社会活动经验。此外，他勤奋写作，对戏剧的各种体裁都进行尝试。

1595年以后，莎士比亚的创作才能得以发展。《罗密欧与朱丽叶》是他早期的一部悲剧作品，该剧被称为是具有强烈的反封建意识的爱情悲剧。后来他陆续创作了《仲夏夜之梦》、《威尼斯商人》、《亨利四世》、《第十二夜》、《尤利乌斯·恺撒》、《哈姆雷特》、《奥赛罗》、《李尔王》、《麦克白》、《雅典的泰门》、《暴风雨》等剧作，成功地塑造了像哈姆雷特、夏洛克、奥赛罗、麦克白、罗密欧、朱丽叶、福斯塔夫等一批栩栩如生的艺术典型。

1610年，莎士比亚功成名就，荣归故里，但他仍坚持给剧团写剧本。至1612年，他一共完成了37个剧本、两首长诗和150首十四行诗。1616年4月23日，莎士比亚不幸病逝，葬于圣三一教堂。

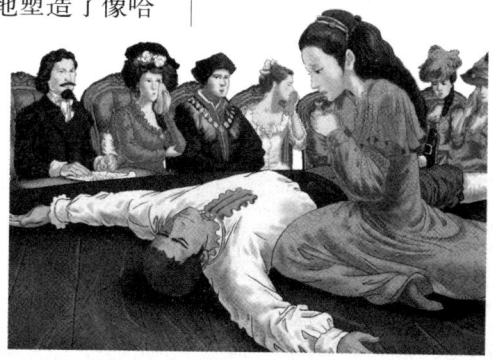
莎士比亚观看自己的戏剧演出。

激情时代里的代表

歌德
GOETHE

人物档案
姓　名：约翰·沃尔夫冈·歌德
生卒年：1749年~1832年
出生地：法兰克福
国　籍：德国
身　份：诗人、作家

歌德

德国最杰出的诗人、作家。他对德国古典文学和民族文学的发展做出了巨大的贡献，他的《少年维特之烦恼》、《浮士德》等成为传世的不朽之作。

善于思考的早熟少年

歌德出生于德国商业城市法兰克福一个富裕的市民家庭。父亲喜欢收藏图书和绘画，这使歌德得以在充满书和绘画的环境里成长。有趣的故事、精美的图画无疑给童年时代的歌德进行了最初的思想启蒙。

歌德天分很高，对知识吸收得非常快，而且很小就喜欢幻想，常常陶醉于一些小说的情节之中。他把大部分时间用来看书思考，这使他在同龄孩子中显得特别早熟，尤其是在记忆和推测能力方面。他还特别喜欢作诗，他的诗常在孩子们的集会上被评为佳作。年幼的歌德渴望着能成为一名桂冠诗人，然而死水一般的生活常使他疑虑重重，在迷惑中他开始尝试着批判地去探索周围的世界。

在充满激情的时代里

1765年，16岁的歌德告别了家乡，来到莱比锡大学学习法律。19岁那年，他不幸染上重病，不得不离开大学，回到了故乡法兰克福。

1770年春，恢复了健康的歌德再次离开家乡，前往斯特拉斯堡大学继续深造。

18世纪70年代初德国"狂飙突进"运动的出现，使歌德对生活的激情转化成为早期创作的艺术理想。在讴歌激情，崇尚自由的艺术理想指导下，歌德以他强劲有力的创作成果投入到这一运动中，成为"狂飙突进"时期文学的主要代表。1773年，歌德的剧

热衷于诗歌创作的歌德游览了很多地方，图为他在意大利时的情景。

作《葛兹·冯·伯利欣根》发表。这被认为是德国第一部现实主义历史剧。作品突出了铁手骑士葛兹在反抗皇帝和领主、谴责暴虐的封建统治中所表现出的渴望自由解放的思想情怀，是歌德"通过戏剧的形式向一个叛逆者表示哀悼和敬意"的杰作。同年，歌德根据自己亲身经历的爱情体验和友人的事件，写成书信体小说《少年维特之烦恼》。作品中的维特表现了德国进步青年的思想情绪。书一问世，立即风靡德国和欧洲各国，形成了持续而强烈的"维特热"。

歌德

在魏玛的转变

1775年至1794年是歌德的第二个创作时期，他脱离了"狂飙突进"运动。1775年秋，歌德应魏玛公爵邀请，来到魏玛公国，从此开始了他在这个小公国担任要职的10年政治生活，史称"魏玛十年"。他官至首相，渴求工作，热衷于时弊改革。歌德曾把自己

歌德正在进行文学创作。

歌德在魏玛期间结识了席勒，并与席勒共同进行创作。图为两人的雕像。

从事的实际工作看成是在"熟练人生"。然而，在庸俗鄙陋的现实环境中，他孜孜不倦从事实际工作的结果，实则使自己落入与现实妥协、为封建王朝服务的境地。但他也看到，正是这种实际工作，使得他早年所形成的以个性自由为核心、狂放激情为特征的人生理想发生了动摇，形成一种追求"客观性"、富于理性意味的新美学理想和艺术理想。此时他所创作的一些为数不多但十分精美的诗篇，像《猎人的晚歌》、《流浪的夜歌》、《水上精灵之歌》、《伊尔美瑙》等，不再是纯粹的心情反映，而是形成了依据自己的权利而存在的某种东西，行文中流露出宁静、安详、克制的韵味。

晚年，过着隐居生活的歌德仍孜孜不倦地埋头创作。在生命的最后几年里，他终于完成了毕生大作《浮士德》。

人物档案

姓　名：奥诺雷·德·巴尔扎克
生卒年：1799年~1850年
出生地：图尔
国　籍：法国
身　份：作家

巴尔扎克

批判主义大师
巴尔扎克
BALZAC

法国伟大的批判现实主义作家，欧洲批判现实主义文学的奠基人和杰出代表。他一生创作了90多部小说和随笔，总名为《人间喜剧》，成为小说史上的奇迹。

小小读书迷

巴尔扎克出生在法国卢瓦尔河畔的小城图尔市一个法国大革命后致富的资产阶级家庭。父亲原是农民出身，早年进城，由于善于钻营，终于在法国大革命和帝国时期跻身于资产阶级的行列，属暴发户。母亲是银行家的女儿。小巴尔扎克从出生起就不讨父母的欢心，刚两岁就被送到别人家里寄养，没得到过父母的疼爱。

巴尔扎克从小就是一个"读书迷"。1807年，他被送进图尔市的旺多姆学校读书。该校的勒费弗尔神父既是巴尔扎克的数学辅导老师，又是学校的图书管理员。他格外偏爱巴尔扎克，为巴尔扎克补习功课。他知道巴尔扎克喜欢看书，就常把图书馆里的书借给巴尔扎克。巴尔扎克就在神父的引导下读完了一本又一本的书。

巴尔扎克的阅读速度很快，由于他具有极强的记忆力和分析能力，读书时他并不是一个字一个字地死读，而是注意抓住书里的中心内容，着重理解；对于书里的人名、地名、对话、故事经过，他记得非常牢固。通过阅读，他掌握了许多知识，这为他日后从事写作打下基础。

12岁那年，巴尔扎克就写出了作品和一些诗，被同学们称为诗人。他对写作的热爱也由此开始。

不成功的尝试

1816年，巴尔扎克进入大学法律系读书。大学毕业后，他本应该进律师事务所，但他却突然对家人

巴尔扎克诞生在法国大革命风风火火展开的时代，他的家庭就是在大革命后暴发起来的。

宣布要当作家。尽管遭到父亲的强烈反对，他还是坚持自己的志向，最后，父亲终于答应给他两年时间，让他去证明自己究竟有无文学才能，但家里只提供极其有限的金钱来接济他。

1820年4月底，经过几个月的努力，巴尔扎克写出了一个诗体悲剧《克伦威尔》。他在家里举行朗诵会，结果听的人都睡着了。第一次创作的失败没有动摇他的决心，他决定转而写小说，但同样失败了。两年过去了，他没有写出像样的作品来，恼羞成怒的父亲为了惩罚他，断绝了他的经济来源。

为了摆脱贫困，1821年到1824年间，巴尔扎克与别人合作，写了许多迎合当时庸俗的社会风气，内容粗鄙、情节荒诞的神怪小说。

图为表现19世纪法国文坛作家的漫画。从左至右依次为乔治·桑、欧仁·苏、巴尔扎克、雨果、大仲马。

蜂拥而至的人们迫切地想进入剧院观看免费的情节剧。在巴尔扎克生活的时代，这是一个很普遍的现象。

他还曾与出版商合作，想通过出版一些古代著名文学家的袖珍本全集来赚钱。但结果十分令人失望，书印出了，却没卖出几本。随后他还经营过铸字厂、印刷厂等，但最终都倒闭了。为了躲债，他常去贫民区，在那里他了解到下层人民的贫困生活。这段经历使巴尔扎克真正认识了法国社会。

罗丹所塑的巴尔扎克像

疯狂写作

经商的失败，使巴尔扎克重新回到文学创作上来。他疯狂地进行写作，差不多天天半夜就起床，先喝上一杯咖啡，然后便投身于写作之中。他常将自己独自关在家里，一关就是一个半月或两个月。他还把窗子全部关上，并点起四支蜡烛，穿着圣明会式的白袍开始写作，有时一天要干上18小时。1829年，他完成《人间喜剧》的第一部《朱安党人》。这是他的第一部重要作品，它标志着巴尔扎克创作风格开始由浪漫主义转变成现实主义。

随后巴尔扎克的作品开始大量问世，他也一时成为巴黎家喻户晓的人物。巴尔扎克付出了20年的心血和精力，完成了《人间喜剧》的创作，然而艰辛地写作严重损害了巴尔扎克的健康，刚过50岁的他就因病去世了。

人物档案

姓　名：亚历山大·谢尔盖耶维奇·普希金
生卒年：1799年~1837年
出生地：莫斯科
国　籍：俄国
身　份：诗人、小说家、剧作家

普希金

普希金纪念碑

俄罗斯文学之父

普希金
PUSHKIN

俄国浪漫主义文学的杰出代表，现代标准俄语的创始人。他的作品是俄国民族意识高涨以及贵族革命运动在文学上的反映，因此被称为"俄罗斯诗歌的太阳"。

少年诗人

普希金诞生在莫斯科的一个贵族家庭。父亲当过禁卫军军官，特别喜好文学，所以与文人墨客往来频繁。母亲是农奴出身，曾是彼得大帝十分喜爱的贴身仆人。普希金在外貌上、性格上都沿袭了先祖的许多特征——皮肤黑，脾气倔强，不爱说话。

普希金的童年是在莫斯科度过的。他从小就由法国教师管教，8岁起就用法文写诗。没事时他很喜欢在父亲的家庭藏书楼中打发时间，这里有很多世界古典名作与法国启蒙时代作家的作品。他从小还喜欢俄罗斯的民间故事与文学诗歌。

在普希金生活的时代下，农奴与贵族之间的差异依然很大，社会矛盾显著。

1811年，小普希金随着伯父去圣彼得堡，进入了为贵族子弟新办的皇村学校，在这所学校里读了6年书。在读书期间，普希金就开始写诗了。1814年，他的《致诗友》一诗发表在《欧罗巴导报》上。1815年，学校考试时，他当众朗诵了自己的诗《皇村回忆》，受到宫廷大诗人杰尔查文的赞赏。

流放岁月

皇村学校毕业后，普希金到外交部任职，但他无意于仕途,而只醉心于各种社交活动。

这一时期,普希金写了不少讽刺短诗,影射沙皇及其宠臣。这些讽刺短诗和政治抒情诗在社会上广泛流传,产生了巨大的影响。沙皇亚历山大一世对此非常恼火,便以调动职务为名把普希金流放到南方。

在流放的4年间,普希金除了写出大量的抒情诗以外,还创作了多部长诗,其中《高加索的俘虏》、《强盗兄弟》、《巴赫奇萨拉伊的喷泉》和《茨冈》等作品,是俄罗斯浪漫主义诗歌的重要成就。

普希金在聚会上朗诵诗歌。

1824年,沙皇秘密警察截获普希金的一封私人信件。沙皇对信中涉及到的无神论观点极为不满,于是又将普希金流放到米哈依洛夫斯克村。在流放地的两年时光里,普希金研究俄国历史,搜寻民歌、故事和童话并完成了诗体长篇小说《叶甫盖尼·奥涅金》。

残酷的结局

19世纪30年代,俄罗斯处在"尼古拉的黑暗"之中,农民在残酷政权的重压之下忍无可忍,纷纷揭竿而起。普希金受到生活的启示,非常重视农民起义的题材。他创作了反映这一主题的中篇小说《杜勃罗夫斯基》和长篇小说《上尉的女儿》。1836年,普希金创办的杂志《现代人》出版,这本杂志对推动19世纪俄罗斯社会解放运动和文学的发展起了举足轻重的作用。

普希金奔放自由的天性,血气方刚、疾恶如仇的性格,与黑暗的专制制度,与卑鄙的宫廷显贵们越来越不相容,于是那些与普希金不相容的恶势力炮制了关于普希金妻子的流言和侮辱普希金的匿名信。这些人还唆使从法国逃亡来的军官丹特士公开地追求普希金的妻子,普希金在忍无可忍的情况下提出与丹特士决斗。在决斗中普希金身受重伤,不治而亡,时年仅38岁。

普希金不但是俄罗斯浪漫主义文学的杰出代表,同时又是俄罗斯现实主义文学的奠基人。

浪漫主义文学的代表

雨果
HUGO

人物档案
姓　名：维克多·雨果
生卒年：1802年~1885年
出生地：贝桑松市
国　籍：法国
身　份：作家、诗人

雨果

法国浪漫主义文学运动的领袖，驰名世界的法国大诗人、大文豪。他的文学巨著《巴黎圣母院》、《悲惨世界》等，已成为世界文学宝库中的珍贵财富。

才华初露

雨果诞生在法国东部的贝桑松城。父亲是拿破仑手下的将军，总是东征西讨；母亲是个天主教徒，为保皇主义者。1809年，雨果被母亲送到巴黎一家私塾学习拉丁语和希腊语。1812年，父母由于感情不合而分居，雨果跟随母亲生活，不再上学，由私塾的老师到家为他授课。这一时期，雨果读了许多有益的书籍，如莫里哀、卢梭、伏尔泰、狄德罗、瓦尔特、司各特的著作。年幼的雨果正是在这种对自由的信仰和人人平等的思想氛围中长大的。

书读多了，雨果开始尝试着写诗歌。在文学方面，少年时的雨果已小有名气。14岁时他写了一部悲剧《伊尔塔敏纳》。1817年，年仅15岁的雨果终于等来了一展才华的机会。法兰西文学院举办了一次诗歌竞赛，主题为：生活中，读书予以我们欢乐。比赛中，雨果写了一首长诗《读书乐》，结果获了大奖，被誉为"卓绝的神童"。

雨果生活时的巴黎

转向浪漫主义

19世纪20年代中期，在自由主义思潮的影响下，雨果的政治态度逐渐有了转变。他开始转向资产阶级民主主义，积极参加浪漫主义文学运动，反对伪古典主义。

1827年，雨果发表了著名的战斗宣言《〈克伦威尔〉序》，文中他猛烈地抨击了古典主义的清规戒律，强调自然中的一切都能成为艺术题材。这篇序言使雨果成为浪漫主义文学运动的领袖。

1831年，雨果出版了浪漫主义的杰作，反封建、反教会的长篇历史小说《巴黎圣母院》。小说以它紧张奇异的故事情节、绚丽多彩的景物描写、性格夸张的人物形象、华丽活泼的语言，震撼了法国乃至世界文坛。

但是，随着1831年至1834年间几次工人起义的失败，雨果在政治上采取了同现实妥协的态度。这个时期，雨果在政治上的徘徊，影响到他所写的作品，从此，他在文学创作上沉默了很长一段时间。

流亡归来的雨果自告奋勇地加入了国民自卫军。

针砭时弊

七月革命后，雨果在政治舞台上再次活跃起来。1851年，拿破仑三世发动军事政变，实行军事独裁，雨果坚定地站在共和派一边，为此拿破仑三世下令悬赏通缉雨果。雨果只得化妆逃出巴黎，开始了19年的流亡生活。

刚进入而立之年的雨果

流亡期间，雨果拒绝了一次又一次的收买，也拒绝了拿破仑三世的"大赦"。在艰难的岁月中，他写了政论《小拿破仑》，诗集《惩罚集》，长篇小说《悲惨世界》等一系列作品。它们如同一把把匕首，直刺专制统治的虚伪与罪恶。

1870年以后，普法战争中法国战败，新组建的国防政府宣布向普鲁士投降。在国难当头的关键时刻，雨果结束了长达19年的流亡生活，赶回巴黎。为捍卫祖国的尊严和主权，雨果自告奋勇，以68岁的高龄报名参加了国民自卫军。他捐出稿费，铸造了两门大炮，送往前线，打击侵略者，给法国军队带来极大的鼓舞。

1871年，巴黎公社起义失败了，反动政府对人民进行残酷的大屠杀。面对政府军的血腥镇压，雨果挺身而出，在《凶年集》里，他痛斥审判公社社员的法官。

雨果在其生命的最后10年，仍然创作不懈，他先后完成了4部诗集、2部政论和1部戏剧。1885年5月22日，雨果逝世。在昏迷状态中，他吟出："人生便是白昼与黑夜的斗争。"这句话概括出了他作为斗士的一生。

雨果雕像

人物档案

姓　名：汉斯·克里斯蒂安·安徒生
生卒年：1805年~1875年
出生地：富恩岛奥登塞小镇
国　籍：丹麦
身　份：童话作家

安徒生

童话大师

安徒生
ANDERSEN

他用童话征服了世界。他所写的《美人鱼》、《皇帝的新装》、《卖火柴的小女孩》、《丑小鸭》等每一个童话，一经出版，便得到各国孩子们的喜爱。

苦难的少年时代

安徒生出生于丹麦奥登塞小城镇。父亲是个鞋匠，母亲是个洗衣妇。全家人住在一间低矮阴暗的小房子里，家里除了制鞋用的工具和一些破烂以外，什么都没有。安徒生11岁时，父亲去世了。因为贫困，富家的孩子就经常欺负安徒生，为此他常常一个人跑到树林里去唱歌、游玩，或者趴在草地上编花环。实在太寂寞的时候，他就到一些老婆婆身边，听她们讲些妖魔鬼怪的故事。

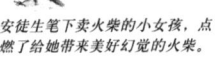
安徒生笔下卖火柴的小女孩，点燃了给她带来美好幻觉的火柴。

可就是这样的日子安徒生也没有过太久。没多长时间母亲便改嫁了，继父不太喜欢安徒生。母亲暗暗为儿子的前途担忧，她想尽一切办法把儿子送进学校，让他识几个字，希望他长大后做个裁缝。可安徒生却对戏剧发生了兴趣，他盼望着有一天能把自己的生活和感情在舞台上表现出来。他找母亲商量，希望母亲同意他到首都哥本哈根去当演员，母亲拗不过这个固执的孩子，便同意了。

在哥本哈根的日子

14岁那年，安徒生独自一人来到了哥本哈根。他设法找到了舞蹈家沙尔夫人，请求她推荐自己到歌舞剧团去，但沙尔夫人冰冷地拒绝了他。这并没有令他灰心，

安徒生

接着他又去找音乐家西博尼帮忙。西博尼很欣赏这个有胆识的少年，让他进入自己主持的歌唱学校学习，还为他募集了生活费。但不幸的是，安徒生才上了6个月学，嗓子就坏了，只好退学另谋出路。

无依无靠的安徒生住在租来的破房子里，每天啃冷面包。在艰苦的生活条件下，安徒生开始提笔尝试写作。他拿着自己写的剧本到处去朗诵，遭到的全是耻笑和嘲弄。受尽屈辱和打击的安徒生没有气馁，仍然坚持写作。他把自己写的剧本《阿莫索尔》拿到剧院，得到了拉贝克教授的赏识，拉贝克决定把他送进教会学校学习。

安徒生的家乡——富恩岛村庄

在随后的4年时间里，安徒生一直住在斯拉格尔塞镇的教会学校，在校长梅斯林的监管下学习。梅斯林性格极端粗暴，又鄙视下层人，安徒生在那儿受尽了他的虐待，不但瘦成了皮包骨头，心灵也受到了极大的创伤。直到后来进入哥本哈根大学，安徒生的生活境况才稍稍得以好转。

矗立在哥本哈根码头的美人鱼像已成为丹麦的一个象征。

开始童话创作

几年的正规教育让安徒生具备了相当丰厚的学养，并很快在其创作中表现出来。在幽默幻想作品《阿马格岛漫游记》获得评论界的好评后，安徒生的创作激情迸发，接连写出了轻松喜剧《尼古拉塔上的爱情》和许多诗歌。

1831年，安徒生离开丹麦，去德国做了一次旅行。在旅行中他增长了见识，开阔了胸怀，结交了不少当时的著名作家，如海涅、雨果等。

1835年，继推出成功之作《即兴诗人》后，安徒生出版了他的第一部童话集《讲给孩子们听的故事》。此后数年，似乎是遵循一条不成文的规定，他每年圣诞节都出版一部新的童话，作为献给孩子们的节日礼物。起初他的这些作品受到的是冷遇，但是随着时光的流逝，它们渐渐焕发出独具的光彩。安徒生也因此被人们昵称为"童话大王"。

安徒生与丑小鸭的雕像

杰出的现实主义作家
列夫·托尔斯泰
LEO TOLSTOY

人物档案
姓　名：列夫·托尔斯泰
生卒年：1828年~1910年
出生地：图拉省克皮县
国　籍：俄国
身　份：作家

列夫·托尔斯泰

俄国最伟大的作家。他的不朽名著《战争与和平》、《安娜·卡列尼娜》、《复活》等，使他登上了当时欧洲批判现实主义文学的高峰。

纯真的童年生活

列夫·托尔斯泰出生在莫斯科以南的图拉省克皮县的一个地方庄园里。父亲为世袭伯爵。母亲学识丰富，知书达礼，并且善于编故事和讲故事，然而她在列夫·托尔斯泰不到两岁的时候去世。小列夫·托尔斯泰的童年在没有母爱呵护的情况下，依然过得很开心。在富有诗意的庄园里，他常和几个哥哥一起骑马、游泳、捕鱼、滑雪，跑去观看父亲打猎，在漫长的冬夜里听大人们讲故事。

20岁时的列夫·托尔斯泰

小列夫·托尔斯泰很早就显露出良好的艺术素质，他善于编各种谜语，喜欢朗诵。一次，父亲让他朗诵普希金的诗歌。他以真挚的感情，领受并表达了诗中的艺术之美，使父亲大为感动。9岁那年，小列夫·托尔斯泰还把祖父的奇闻轶事写成笔记，取名为《祖父讲述的故事》。在这没多久，父亲因一次意外去世。姑母充当了托尔斯泰的监护人。在姑母亲切无私的关怀下，列夫·托尔斯泰接受了当时俄国典型的贵族式启蒙教育。

开始文学创作

1844年，列夫·托尔斯泰进入喀山大学东方系。在这里，他接触到了法国启蒙运动的思想，特别是卢梭的思想，开始对俄国沙皇专制制度深感不满。1847年，他自动退

大转变后的列夫·托尔斯泰开始尝试从事农活。

学，回到自己的世袭庄园。

1851年，列夫·托尔斯泰进入高加索的沙俄军队服军役，参加了在克里木保卫塞瓦斯托波尔的战争，并在军中任炮兵连长。这一时期，他大量阅读历史文献和著作，开始了文学创作的历程。著名的《童年》、《少年》、《塞瓦斯托波尔故事》等小说开始在《现代人》杂志上发表。这些年的从军生活也为他后来的巨著《战争与和平》的创作奠定了坚实的基础。

1855年，列夫·托尔斯泰回到彼得堡，以新进作家的身份进入俄国文学圈。1859年，他因其"怪异"的文学观，如不喜欢荷马、莎士比亚等经典作家，忠实于"优美艺术"的倾向，反对"教诲艺术"的观点，与俄国当时的革命民主派不和，最后导致决裂。

1862年，列夫·托尔斯泰与莫斯科御医的女儿索菲娅·安德列耶夫娜结婚。婚后他开始集中精力创作旷世巨著《战争与和平》。经过6年的时间，这部巨著得以完成。

列夫·托尔斯泰正在林中阅读。

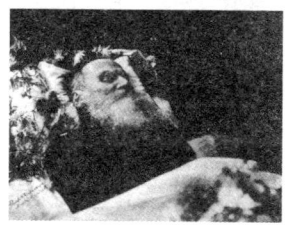
列夫·托尔斯泰在极度的苦闷与矛盾中，于1910年11月10日秘密离家出走。途中他身患肺炎，在11月20日病逝于阿斯塔波沃火车站，享年82岁。

大转变

1868年，列夫·托尔斯泰开始对德国悲观主义哲学大家叔本华的学说感兴趣。70年代以后，面对强大的社会运动，他开始怀疑生存的目的和意义，并认为自己的贵族寄生生活是可怕和可耻的。七八十年代，他完成了世界观的转变，写出了《忏悔录》、《我的信仰是什么?》等文章。1873年至1877年，经过12次精心修改，他完成了里程碑式的长篇小说《安娜·卡列尼娜》。

思想上的变化引发列夫·托尔斯泰的行为转变。在现实中，他目睹了俄国贵族的堕落，被广大农民的悲惨命运深深震撼，为此他亲自到各地考察，并和农民一起劳动来体验生活。触目惊心的贫富悬殊使他寝食难安，他已无法忍受贵族生活了，对妻子儿女挥霍无度的日子深表痛恨，多次打算离家出走。终于他在82岁高龄时，同贵族家庭决裂，独自出走，病逝在一个偏僻的小火车站中。

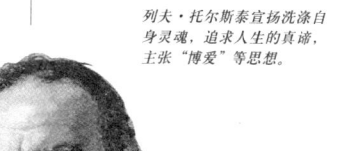
列夫·托尔斯泰宣扬洗涤自身灵魂，追求人生的真谛，主张"博爱"等思想。

美国幽默大师

马克·吐温
MARK TWAIN

人物档案
原　名：塞缪尔·朗荷恩·克列门斯
生卒年：1835年～1910年
出生地：密苏里州弗罗里达村
国　籍：美国
身　份：作家

马克·吐温

美国现实主义文学的杰出作家。他以幽默、讽刺的手法写出了大量闻名于世的作品，写尽了美国一个时代的民间风情和世俗百态，体现了美国民族之魂。

与黑人交友

马克·吐温出生在美国密苏里州的一个偏僻农村，家里的生活比较困难。父亲是一位为人正直的地方法官；母亲乐观豁达，而且待人特别宽厚慈善。马克·吐温的伯父有一个农场。当时美国还保留着黑奴制度，在伯父的农场里就有不少黑奴。

马克·吐温在很小的时候就听大人说，黑奴是被人贩子从很远的非洲拐卖到这里来的，他们远离家人和亲友，十分悲惨。小马克·吐温十分同情黑奴的遭遇。他跟一个名叫桑迪的黑奴小孩建立了很深的友谊，他俩经常坐在村前的草地上，相互给对方讲故事。小马克·吐温还对一个叫丹尼尔的中年黑奴有好感，叫他丹尼尔叔叔。丹尼尔叔叔聪明善良，勤劳且有智慧，又肯帮助人，小马克·吐温十分钦佩他。马克·吐温上学以后，常利用课余时间和节假日到农场帮丹尼尔叔叔干活，一边干活，一边听他讲天南海北的轶闻趣事、童话寓言故事。

马克·吐温故居

谋生之路

马克·吐温从小并没有受到多少正规的教育，12岁时父亲不幸病逝，他被迫终止了学业，这时全家人只能靠大哥当印刷工人的微薄工资维持生活。为了分担家里的困难，小马克·吐温开始了谋生。

在大哥的帮助下，小马克·吐

温来到一家报馆当学徒。老板十分吝啬，只管吃穿住，不给工钱。每天，老板总是吩咐他做数不清的事，早晨起来生火，提水，打扫办公室卫生；白天在烛光下手工排版，打叠纸张，把350份报纸包好拿去邮寄；每个星期四，天不亮就把周刊送到镇上100多家订户的手里。

在这种艰苦的环境之下，马克·吐温并没有忘记求学。他利用工余时间，到一所实习学校上课，努力多学一些知识。两年以后，马克·吐温离开报馆，又去当了送报工人。辛酸的童工生活，磨炼了马克·吐温的意志。

马克·吐温在船上当领航员的生活给了他很多启发，他的笔名就是由此而得出的。

后来，马克·吐温又到密西西比河中航行的轮船上任领航员。在轮船上，他接触到各种各样的人，从船长、水手到南方各州的绅士、移民、人贩子等，这为他后来的创作积累了大量素材。在当领航员期间，马克·吐温经常听到轮船上的水手们测量水深时大声喊："马克·吐温。"意思是水的深度可以安全通航了。此间，他开始写文章投稿，便选择"马克·吐温"这个笔名，以纪念这段生活经历。

从事文学创作

1862年，马克·吐温成为《事业报》的新闻记者，便以记者的身份游历欧洲，从此走上了文学创作的道路。1869年，马克·吐温发表了短篇幽默小说《傻子国外旅行记》。小说中的"傻子"是指一些天真无知的美国人，他们到了欧洲嘲弄欧洲的文化古迹，而自己又孤陋寡闻、举止粗俗。1870年，马克·吐温发表了短篇小说《竞选州长》、《哥尔斯密的朋友再度出洋》，以幽默、诙谐的笔法嘲弄了美国"民主选举"的荒谬。

马克·吐温早期的作品大都以幽默、诙谐为主要风格，到了中期以后，开始向揭露和讽刺转变。1874年至1884年，他陆续创作了《镀金时代》、《汤姆·索亚历险记》、《在密西西比河上》以及《哈克贝利·费恩历险记》等作品。这些作品以深沉、辛辣的笔调，讽刺了美国社会的投机、拜金、政治黑暗和种族歧视。其中，以《哈克贝利·费恩历险记》为代表，被视为美国文学史上具有划时代意义的现实主义著作。

80年代末开始，马克·吐温主要写了一些游记、

漫画家笔下的马克·吐温

杂文、政论。《赤道环行记》、《败坏了哈德莱堡的人》、《神秘来客》等都是这时发表的作品。在这些创作中，人们可以清晰地发现，作品中笑声减少了，批判的成分逐渐增多了，主题也趋向严肃的社会问题，这标志着马克·吐温进入了创作的晚期阶段，他开始了对人生和社会的严肃思考。

幽默的文学巨匠

虽然马克吐温在创作晚期风格发生了转变，但幽默仍是马克·吐温的主要创作风格。这种创作风格是直接与其乐观幽默的天性融合在一起的。在马克·吐温成名后，一些细小的事件很好地体现了他的性格。

一个事件发生在马克·吐温成名后不久，那时，不断有人给他寄照片，这些照片的主人自称长得同他很像，马克·吐温对此颇感厌烦。为了应付、处理这些照片和信件，他写了一封信，印了几百份，给每个寄来照片的人都寄上一份。信是这样写的："亲爱的先生，十分感谢您给我寄来的信和照片。据我看，您是无数个像我的人当中最像我的，甚至我可以说，您比我更像我自己。我准备根据您的照片来修脸。感谢您的马克·吐温。"

马克·吐温

还有一次，马克·吐温坐上了一趟火车，当售票员要他出示车票时，他摸了半天也没找到。售票员恰好认出他来，就安慰他说："不要紧的，您回来时再拿给我看。"不料，马克·吐温却回答说："很要紧的。我必须找到它，否则的话，我怎么知道我要在哪儿下车呢？"

马克·吐温就是这样生性乐观、幽默风趣，更重要的是他有一支生花妙笔，他将生活中的风趣诙谐巧妙地融入其作品之中，以笑为武器，讽刺资产阶级、小市民日常生活中的愚昧无知和庸俗可笑，为人们描绘了一幅幅美国的社会生活画。他还在美国西部幽默传统的基础上，发挥极度夸张的艺术想象，在幽默中进行讽刺，成为美国现实主义文学的杰出作家，被誉为"美国文学史上的林肯"。

[第七章]

艺坛巨擘

在人类艺术的殿堂里，艺术家们将音乐与美术这两种不同的艺术表现形式巧妙地结合在一起。优秀的绘画、雕塑作品能给人以美的享受，从作品的色彩、线条、结构中感受到音乐的韵律和节奏；而优美的音乐旋律同时也是一幅美丽的画，是一幅以音符为色彩、以旋律为线条所绘出的只能用听觉去观看的心灵之画。艺术是美的，然而艺术作品却是在满溢艰辛与坎坷的艺术创作之路上诞生的。罗丹为19世纪停滞了的雕塑艺术带来了新的光明和生机。在音乐上，莫扎特这位天才的作曲家，在生活困难的情况下依然激情创作，终为世人留下众多浪漫经典的作品……本章将带您领略这些艺术家们的执著人生。

人物档案

姓　名：列奥纳多·达·芬奇
生卒年：1452年~1519年
出生地：佛罗伦萨芬奇镇
国　籍：意大利
身　份：艺术家

达·芬奇

旷世奇才

达·芬奇
DA VINCI

意大利文艺复兴全盛时期著名的艺术家、自然科学家和工程师。他的《蒙娜丽莎》、《最后的晚餐》等作品都是巧夺天工的传世名作。

天才少年

达·芬奇诞生于芬奇镇一个殷实的中产阶级家庭，父亲是佛罗伦萨大行会的会员、世袭公证人和当地有名的律师，母亲是一个纯朴的农妇。达·芬奇是私生子，他出生那年，父亲把他带回了家，在继母和祖父的抚养下他逐渐长大。

孩提时代的达·芬奇聪明伶俐，勤奋好学，兴趣广泛。他歌唱得很好，很早就学会弹琵琶，他的即兴演唱，不论歌词还是曲调，都让人惊叹。他尤其喜爱绘画，常为邻里们作画，有"绘画神童"的美称。

一次，父亲受一位农民的委托，要画一幅盾面画。他听说儿子会画画，想试试儿子的画艺，便将这个任务交给了小芬奇。小芬奇凭借自己丰富的想象力，用了一个月的时间，画出一个骇人的妖怪。这妖怪长着火球般的眼睛，张着血盆大口，鼻孔中喷出火焰和毒气，样子十分恐怖。作品完成后，小芬奇请父亲来到他的房间。他把窗遮去一半，将画架竖在光线恰好落在妖怪身上的地方。父亲刚走进房间时，一眼就看到了这个面目狰狞的怪物，吓得大叫起来。小芬奇则笑着对父亲说："请您拿去吧，这就是它应该产生的效果。"父亲从此确信儿子有绘画天赋。

师从名门

1466年，14岁的达·芬奇被送入佛罗伦萨韦罗基奥的画室，专门学习绘画。这是达·芬奇艺术生涯中最重要的起点。韦罗基奥不仅是一位多

1471年米兰大公访问佛罗伦萨时，在美第奇宫邸举行了盛大的招待宴会，达·芬奇应邀出席晚宴。

才多艺的艺术大师,而且对数学、天文学等自然科学也有浓厚的兴趣。在画室,达·芬奇从画蛋开始学起,不仅学习了素描、绘画和雕刻,还开始涉猎科学研究,学到很多科学技术方面的知识。韦罗基奥提倡认真研究数学、透视和解剖方面的科学知识,大胆地进行艺术实践,运用精细的描绘方法清晰地表现绘画对象。老师的教导使达·芬奇在艺术和科学知识方面打下了扎实的基础。

《蒙娜丽莎》是达·芬奇最著名的作品,画中人的微笑征服了全世界。

在画室学艺期间,达·芬奇还结识了一大批知名的人文主义者、艺术家和科学家,开始接受人文主义的熏陶。达·芬奇在20岁时已具有很高的艺术造诣,他用画笔和雕刻刀去表现大自然和现实生活的真、善、美,热情歌颂人生的幸福和大自然的奇妙与壮美。

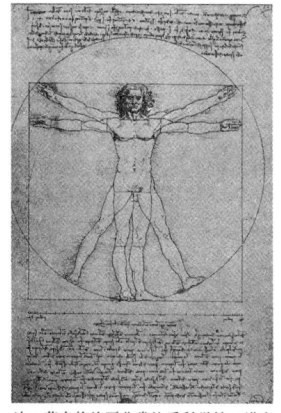

达·芬奇的绘画非常注重科学性,讲究各部分比例协调。图为他的手稿。

艺术创作

1477年,达·芬奇结束了学徒生涯,这时他已成长为具有现代科学思想和勇于探索人类智慧的典范。在寻求发展期间,他创作了《拈花圣母》、《博士来拜》等富于思想和诗意的初期作品。1480年,他在自己的住所独立开设画室,潜心作画。

达·芬奇31岁时,曾奉命为米兰大公吕多维克·斯福查铸造巨型雕像,但由于种种现实限制,雕像最终没能完工。为了安慰达·芬奇,大公又令达·芬奇为米兰格雷契寺院食堂画一幅画,于是,《最后的晚餐》问世了,它成了后来世界最著名的宗教画之一。

51岁时,达·芬奇从米兰返回佛罗伦萨,并完成了名画《蒙娜丽莎》。它用明暗法创造出平面形象的立体感,使其成为世界上最著名、最伟大的肖像画。而最终也是《最后的晚餐》和《蒙娜丽莎》使达·芬奇的名字永垂青史。

达·芬奇在研究画作。

1519年5月2日,达·芬奇在克鲁堡离开了人世,走完了自己的人生和艺术旅程。

博学多才的雕塑大师

米开朗琪罗
MICHELANGELO

人物档案
姓　名：米开朗琪罗·博那罗蒂
生卒年：1475年～1564年
出生地：佛罗伦萨卡普莱斯镇
国　籍：意大利
身　份：艺术家

米开朗琪罗

意大利伟大的雕塑家、画家、建筑师和诗人，文艺复兴时期雕塑艺术的代表。他创作的人物雕像雄伟健壮，充满了无穷的力量，成为整个时代的典型象征。

天赋初现

米开朗琪罗诞生于意大利佛罗伦萨东部附近的山城小镇卡普莱斯，他的父亲担任这个小镇的行政长官。因为母亲体弱多病，刚出生的米开朗琪罗就被送到一个石匠家中抚养，因此他从小就对雕塑发生兴趣。米开朗琪罗6岁时，母亲去世了。父亲经常失业，家里变得越来越穷，但父亲还是把米开朗琪罗送到佛罗伦萨的一家拉丁语学校去学习。米开朗琪罗在那里学习了拉丁文、希腊文、数学和文学，这些必要的教育为他以后的事业打下了良好的基础。年幼的米开朗琪罗非常喜欢画画，常在家中的墙壁上画画，为此父亲常常责打他。

拜师学艺

13岁时，米开朗琪罗去了著名的基兰达约画室学艺。基兰达约在当时艺术界是个有地位的人物，米开朗琪罗很幸运地获得了这位名师的指导。虽然米开朗琪罗在这里只学习了一年多的时间，但他十分勤奋、刻苦，因此技艺进步很快。他在那儿除了大量写生之外，还临摹了许多老画家的作品，其中有些作品竟能达到以假乱真的程度，所以深得基兰达约的赏识。

后来，佛罗伦萨的统治者罗伦索·美第奇召见基兰达约，要基兰达约把画室两名最好的学生送到他新办的美术学校"庭苑"去学雕刻。基兰达约不敢违抗，于是将米开朗琪罗和自己的另一名弟子送往"庭苑"。

罗伦索十分欣赏米开朗琪罗的艺术才华，留他食宿于美第奇宫廷。美第奇宫廷丰富的雕刻收藏令米开朗琪

米开朗琪罗最著名的雕塑作品《大卫》

罗着迷，古希腊、罗马的遗产给米开朗琪罗的艺术学习与探索以巨大的影响。

沉于创作

1496年，米开朗琪罗来到向往已久的罗马。不久，他创作了《哀悼基督》，为自己赢得了最初的荣誉。在罗马，米开朗琪罗接触到古代大师的作品，他的技艺有了进一步提高。1501年春，他重回佛罗伦萨后，创作了著名的雕像《大卫》，在家乡也赢得了应有的声誉。

1503年，应罗马教皇朱理二世的聘请，米开朗琪罗又来到了罗马，准备为教皇设计建造一座规模空前的陵墓，却遭嫉妒他的艺术家谗言，使工程被迫下马。负气的他又回到佛罗伦萨。1508年，米开朗琪罗重返罗马，为西斯廷教堂制作他并不擅长的壁画。经过4年艰苦卓绝的努力，令人瞠目结舌的巨作《创世纪》诞生了。

第二年，朱理二世去世，新教皇列奥十世决定为他前任的陵墓制作雕像。米开朗琪罗制作了三尊大理石作品，《摩西》就是其中最著名的一件，这件作品取得了巨大的成功。与此同时，他还在佛罗伦萨为美第奇家族修建小礼拜堂，留下了一组充满诗意的雕塑《晨》、《暮》、《昼》、《夜》。同时他又接受罗马教皇的委托，绘制巨幅壁画《末日审判》，历时6年才得以完成。晚年的米开朗琪罗住在罗马，他的兴趣主要在建筑上。

米开朗琪罗是一位多才多艺的艺术大师。他集雕刻家、画家、建筑家、诗人于一身。在长达70余年的创作生涯中，历经坎坷，创造了许多天才作品，为人类文明增添了不朽的篇章。

《基督下十字架》是米开朗琪罗为自己的陵墓准备的作品，中间那个老者是米开朗琪罗自己。

伊利特女预言家是米开朗琪罗创作的西斯廷教堂天顶壁画中的人物之一。

《末日审判》是米开朗琪罗用6年时间完成的杰作。

米开朗琪罗的一生与美第奇家族有着密切的关系。图为美第奇家族统治下的佛罗伦萨。

让圣母留在人间的画圣

拉斐尔
RAPHAEL

人物档案
姓　名：拉斐尔·桑蒂
生卒年：1483年～1520年
出生地：乌尔比诺城
国　籍：意大利
身　份：画家

拉斐尔

拉斐尔与达·芬奇、米开朗琪罗并称为文艺复兴时期艺坛三杰。他在博采众家之长后形成了自己独特的风格，其作品代表了当时人们最崇尚的审美趣味，成为后世古典主义不可及的典范。

少年早慧

拉斐尔的父亲是宫廷画师，所以拉斐尔从小就随父学画。少年拉斐尔已流露出绘画方面的才华，成为父亲的得力助手。父亲去世后，拉斐尔就到一个画家的画室里学习。他勤奋地探索绘画的奥秘，能敏感地捕捉住美和艺术的真谛。

16岁时，拉斐尔离开家乡乌尔比诺，来到意大利安布利亚地区的裴路基亚城，从师于佩鲁基诺。经过几年的绘画学习后，有一天，佩鲁基诺对拉斐尔说："我不想让这个小地方拖住你，你要到大师云集的佛罗伦萨去，你可以独立工作了。"这时拉斐尔才19岁，他从老师那里学到了色彩感觉与透视原理，绘画技巧相当成熟，才能已经超过老师。

在拉斐尔留下的无数杰作中，最著名的当数《西斯廷圣母》，这幅置于梵蒂冈著名的西斯廷大教堂内的圣母像，几乎可被认为是圣母画像中的绝品。

佛罗伦萨时期

在1504年底，拉斐尔为了深入研究绘画技能而前往佛罗伦萨。他当时虽然已取得了相当的成绩，但毕竟才21岁。在佩鲁基诺的推荐和引导下，拉斐尔很快跨进了佛罗伦萨的艺术世界。在画家群里，拉斐尔急切地吸取着大师们作品中的成就，以一个学生的姿态向达·芬奇和米开朗琪罗请教。他充分利用佛罗伦萨能提供给他的一切。他研究解剖学、观察大自然和新社会中的人际关系，他对生活、对人尤其对女性和母亲更加充满感情和爱。他要把佛罗伦萨的全部艺术精华变成自己的营养。

接下来的4年，拉斐尔都待在佛罗伦萨。中途他也曾多次去意大利中部的城市，并留下了作品。他在1505年及1507年到过帕鲁查，1506年和1507年曾滞留乌尔比诺。在整个佛罗伦萨时期，他有3部代表作诞生：《大公爵的圣母》、《圣乔治屠龙》和《玛利亚订婚》。其中，《玛利亚订婚》是一幅祭坛画，年轻的拉斐尔以这幅作品在佛罗伦萨崭露头角。

罗马时期

1508年年底，拉斐尔受到当建筑家的远亲多拿特·布拉曼特的劝说而迁居罗马，不久就为教皇朱理二世工作。朱理二世在1503年被选为教皇，他很讨厌前任亚历山大六世所建的室内装饰，因此朱理二世另建了新的教皇居室，他让拉斐尔着手这些房间的装饰工作。这件事成为拉斐尔事业的一大转机，这次机会使他后来除了为朱理二世及其继任者列奥十世工作外，也接到其他赞助人的委托，并陆续完成一件件重要的作品，如《阿尔巴尔圣母》、《西斯廷圣母》、《雅典学院》等，其中《西斯廷圣母》是拉斐尔所描绘的圣母像中最著名的作品。

《美惠三女神》是拉斐尔早期的小型木板画。三位女神犹如一组雕像，有着完美圆润的躯体，并且令观者感到空间似乎围着她们旋转。

《枢机主教肖像》是拉斐尔活跃于罗马时期的肖像作品。

拉斐尔雕像

1515年，列奥十世让拉斐尔负责保管及记录刻有拉丁文碑文的古代大理石，拉斐尔的工作量也随之增加。两年后拉斐尔被任命为罗马古物的总监，并着手拟订详细调查古代遗迹的计划。

拉斐尔一方面需要完成一些重要客户的订件，另一方面还在教廷内从事与视觉艺术相关的实际工作。30多岁的拉斐尔以艺术家的身份拥有了无与匹敌的财富和权势。1520年，拉斐尔身患重病，仍在绘制《基督变容》，作品虽未能完成，但出自其手的部分仍光彩照人，气势磅礴。拉斐尔在生命的最后一刻还在不断探索，丰富并完善自己的创作。

古典音乐大师 巴赫 BACH

人物档案
姓　　名：约翰·塞巴斯蒂安·巴赫
生卒年：1685年～1750年
出生地：爱森纳
国　　籍：德国
身　　份：音乐家

巴赫

德国古典作曲家、风琴演奏家，欧洲巴洛克时期音乐界的代表人物。其音乐作品对近代西洋音乐具有深远的影响，因此被尊称为"西方音乐之父"。

月夜抄谱

巴赫诞生于德国爱森纳。巴赫家族是一个著名的音乐世家，一共沿续了7代，而约翰·塞巴斯蒂安·巴赫是其中第五代。

8岁那年，巴赫进入拉丁语学校接受广泛的学科教育，学习了拉丁文、宗教教理、历史、地理、日耳曼诗学、物理、算术等课程。在家中，巴赫则跟随着父亲学习小提琴和大提琴的演奏技巧。然而巴赫的学习生涯并非就此一帆风顺，母亲在他9岁时不幸病故，翌年，父亲也去世了，年幼的巴赫只好到哥哥约翰·克里斯托夫家中寄居，一面继续就学，一面跟随哥哥学习管风琴与大键琴的演奏技巧。

那时，巴赫还在教会合唱团中担任童声高音。基于对音乐的酷爱与渴望，巴赫在很短的时间内便熟练掌握了哥哥为他安排的所有乐曲学习课程，但这似乎并不能满足他学习的欲望，他一再央求哥哥让他看一看当时一些著名大师的大键琴曲乐谱，但都被哥哥严厉地拒绝了。小巴赫只好趁夜深人静、哥哥入睡之后，偷偷地从柜中取出乐谱来抄录。因为不敢点灯，他便就着月光抄谱。他花了6个月时间抄完了一本乐谱。

可是，巴赫在第一次弹奏这一乐谱上的曲子时，恰恰被哥哥听见了，于是哥哥就把他翻抄的乐谱夺走并烧毁了。哥哥除了责备巴赫不顾自己的健康外，更责怪他不应该如此偷偷摸摸地在背地里抄谱，指出音乐的教育应当循序渐进，这些乐谱对他而言太高深了。经过哥哥的开导后，巴赫才知道自己的好高骛远险些造成错误。

巴赫家族是一个音乐世家。

自谋出路

巴赫15岁时,他哥哥家孩子太多,生活困难,所以他开始离家自谋生路。巴赫步行来到了利纳堡。在那里,他找到圣·迈克尔学校的合唱班,当上了职业歌手。不久,巴赫的嗓子变了声,不能再唱高音声部了,于是他转为排练时的伴奏员,并加入了市镇管乐队,在新年节日里走街串巷地演奏。这期间,巴赫学习了所有能找到的优秀音乐,欣赏了国内所有优秀音乐家的演奏。他还经常到汉堡这个大城市去听歌剧和著名风琴师的演奏。

由于没钱坐公共马车,所以巴赫只好步行去汉堡看演出,常步履艰难地翻过山林。他常常累得腰酸背痛,疲倦地站在路边看着马车夫挥动长鞭驾赶着骏马,车里面的贵夫人和绅士们在愉快地微笑。

30岁时的巴赫

有时巴赫在嚼完最后一块黑色面包皮以后,只有眼巴巴地望着小酒馆橱窗里的肥鸭。有一次在从汉堡返回的路上,他饿着肚子坐在一家小酒馆外,闻着里面飘出来的引人流涎的香味。突然窗子打开了,从里面扔出两个鲱鱼头。这至少是可以吃的呀,年轻的巴赫连忙过去捡了起来。他惊奇地发现每个鱼头里都有一枚丹麦金币,这足够他买一顿美餐,还可以付下次去汉堡的车费。从此以后,鲱鱼做的菜一直是巴赫最爱吃的。

展露头脚

1708年至1717年,巴赫在萨克斯·魏玛公爵教堂内任管风琴师和室内音乐家,1717年前往安哈尔特·克藤宫廷任乐正。由于克藤亲王的兴趣在器乐方面,巴赫这一时期创作的器乐曲基本是为满足亲王的各种需要。此外,他还创造了大量优秀的键盘乐曲,许多是他为自己的儿子而创作的练习曲。在此时期他还创作了许多的管风琴曲,如《C小调幻想与赋格》、《D小调触技曲与赋格》等名曲。他在这一段时间里还接触到新意大利音乐,吸取了其中优美的形式和曲调。

1723年至1750年,巴赫到莱比锡教堂担任乐长。巴赫的余生在托巴斯教堂度过,专门为教堂各种仪式创作受难曲、弥撒曲、康塔塔与经文歌。巴赫在这个阶段创作了200多首清唱剧,除此之外还有一些风琴曲和奏鸣曲。这个时期巴赫最重要的作品是《马太受难曲》、《十二平均律钢琴曲第二集》。

巴赫纪念像

人物档案

姓　名：弗朗茨·约瑟夫·海顿
生卒年：1732年~1809年
出生地：布尔根地区的罗劳村
国　籍：奥地利
身　份：音乐家

海顿

交响乐之父

海顿
HAYDN

海顿是"维也纳古典乐派"的杰出代表，他的音乐作品体裁广泛，涉及声乐、器乐各个领域，尤其对交响乐和弦乐四重奏的形成、完善和发展有着突出的贡献。

显现音乐天赋

海顿诞生于奥地利与匈牙利交界处附近布尔根地区的罗劳村。父亲是一名制造车轮的工匠，但特别喜欢音乐。母亲则是个厨师。他们共有12个孩子，海顿排行第二。

由于家中人口众多，家里生活颇为贫困，但是家庭气氛却非常欢愉。由于父亲爱好音乐，家中几乎每晚都举行"家庭音乐会"。在这样的环境熏陶之下，海顿不但展现出对音乐浓厚的兴趣，也使他过人的天赋表露无遗。

海顿的一个远亲法朗克，是海因堡一所基督教学校的校长，他发现海顿在音乐上的天赋，于是说服海顿的父母，让海顿进入这所学校，学习基本的音乐知识及管乐器、弦乐器的演奏。

1740年，维也纳圣史蒂芬大教堂征选儿童唱诗班成员，8岁的海顿中选，成为唱诗班的台柱。海顿很珍惜在唱诗班的时光，他不但练习宗教仪式上所需要的曲目，而且还努力研究，以发掘其中的奥妙和精髓。海顿在唱诗班一直待到1749年，直到进入变声期，教堂方面正想将他开除，正巧有一天顽皮的海顿将一位同学的发辫剪了，教堂即以此为借口把海顿赶出了唱诗班。

在维也纳崛起

被教堂开除的海顿，在维也纳过着三餐不继、露宿街头的生活。往后的几年里，他主要是靠为一些特别的场合——宴会、婚礼、葬礼等谱曲或演唱，赚取一些生活费用。但即使在如此贫困及恶劣的环境中，他还是孜孜于音乐技巧的琢磨与演练，以

设于海顿出生地罗劳村的海顿纪念像。正面的乐谱即为海顿最著名的作品《奥国国歌》。

吸取更多的经验。

海顿的表现在维也纳逐渐引起注意，他用赚到的钱买了一间阁楼，作为栖身场所。当时有一位名望显赫的宫廷诗人梅塔斯塔奇奥就住在海顿的楼下。经由梅塔斯塔奇奥的引见，海顿认识了当时最著名的意大利歌剧作曲家安尼奥·波波拉，并很快成为波波拉的伴奏者和秘书。

在波波拉这里，海顿不仅遇见了许多著名的音乐家，例如狄特斯道夫、葛路克、华根塞尔等人，而且还在歌唱与作曲方面受到波波拉的指导。在这段日子里，海顿更加尽心于创作，尤其是室内乐方面。

为庆祝约瑟夫二世的婚礼所举行的皇家音乐会，显示出当时维也纳上层社会的富裕。

大显身手

1755年，海顿接受芬柏格男爵的邀约，谱写了他的第一首弦乐四重奏，受到了广泛的回响和好评。从此以后，在芬柏格男爵的音乐宴会中，常常有海顿的身影及他的作品发表。在芬柏格男爵的宴会中，海顿结识了毛尔进伯爵，随后进入了他的管弦乐团，任指挥。这是海顿第一个固定的工作，从此之后，他再也不必为了找工作而奔波忙碌。在毛尔进伯爵的乐团，海顿写下了他的第一首交响曲。

1766年，尼可劳斯斥巨资兴建了一座新宫殿——艾斯德哈萨宫落成。宫中有一座大型的歌剧院，海顿在该歌剧院乐团的乐长去世后，接任乐长职位。他的工作分量更加重了：指挥乐团，编写曲子，聘请和解雇员工，整理资料，调解纠纷，所有和音乐有关的事情都归他负责。海顿在处理这些杂务上，显得有条不紊、公正廉明，因而得到乐团上下一致的爱戴和信赖，大家亲昵地称他为"海顿爸爸"。

这时的海顿已经成为享誉欧洲的名作曲家。他的音乐优美而明澈，受到广大民众的热烈欢迎。当时他还应巴黎乐团的委托，谱写了11首交响曲，后人称之为《巴黎交响曲》。

1790年，尼可劳斯公爵逝世，即位的安东公爵对音乐毫无兴趣。于是除了少数人员以外，其余都遭到解聘。海顿因在此无所事事，也离开了乐团，迁到维也纳居住。听到这个消息后，法国、西班牙、俄罗斯等国都争相邀请海顿去访问，最后海顿接受了英国的邀请而远赴伦敦。他在伦敦受到的热烈欢迎和他创作出的《沙罗蒙交响曲》，使他的声望更是如日中天，影响遍及整个欧洲。

海顿的音乐清澈优美，令人有如沐春风之感。

音乐天才
莫扎特
MOZART

人物档案
姓　名：沃尔夫冈·阿马德斯·莫扎特
生卒年：1756年~1791年
出生地：萨尔斯堡
国　籍：奥地利
身　份：音乐家

莫扎特

奥地利著名作曲家，维也纳古典乐派的代表人物之一。他用短暂的一生创作了70余部作品，为西方音乐的发展开辟了崭新的道路。

音乐神童

小时候，莫扎特对什么都有兴趣，而且是过目不忘，并且表现出强烈的乐感和悟性。每当父亲教姐姐兰涅尔弹琴时，小莫扎特总是站在一旁，竖起耳朵听得入神。一天，父亲听兰涅尔弹完练习曲后，回到房间休息，兰涅尔则跑到外面玩耍去了。小莫扎特凑到钢琴前用小手敲击着琴键。叮叮咚咚的琴声惊醒了父亲。"莫扎特，怎么，这是你在弹琴吗？"父亲吃惊地问道。莫扎特没有回答父亲，他继续弹下去。父亲听着，听着，简直不敢相信自己的耳朵，不足4岁的莫扎特竟能完整地弹出姐姐的练习曲。自那天以后，父亲传授技艺的对象不是一个，而是两个了。没过多久，莫扎特便能和姐姐一起弹二重奏了。

小时候的莫扎特

莫扎特在音乐上所表现出来的天赋，让望子成龙心切的父亲备感欣慰。他不断地教给孩子们一些高难度的曲谱，让他们练习弹奏。在莫扎特刚满5岁的时候，他已经能够弹出一些即兴创作的曲子了。这些即兴曲离纯熟的作品差距尚远，但流露出来的真情却无比动人。

"音乐神童"莫扎特自小就有极高的音乐天赋。

出国巡游

莫扎特的父亲发现儿子在音乐方面极具天赋，为了让孩子开阔眼界，便带着莫扎特和他姐姐周游德、奥、法、英、意等国，开始了长达10年的旅行演出活动。他们所到之处都受到了热烈的欢迎，尤其是莫扎特的表演常常让听众听得入迷。莫扎特8岁时在英国演奏，遇到了音乐大师巴赫。巴赫非常喜欢这位小音乐天才，于是亲自指导他演奏和作曲。这一年，莫扎特写出了3首交响乐和几首奏鸣曲。12岁时，莫扎特就为维也纳歌剧院写了歌剧《假傻姑娘》；14岁时，他为意大利米兰歌剧院写了歌剧，并亲自指挥演出，连演20场，场场爆满。10年的旅行演奏，让莫扎特闻名遐迩，并在作曲上日臻成熟。

莫扎特亲自指挥演奏。

苦难的现实生活

25岁时，莫扎特不顾父亲的反对与当时的歌唱家康丝坦采结婚，从此开始在维也纳定居，也开始了独立自由的生活。

图为《费加罗的婚礼》第一幕的布景图，现收藏于慕尼黑戏剧博物馆。

莫扎特纪念像

独立生活后的莫扎特境况十分落魄，他甚至买不起木炭来温暖他居住的破屋。在寒冷的冬天里，他只能把手插进穿在脚上的毛袜里取暖片刻，然后再继续工作。莫扎特生命中异常艰辛的阶段恰恰是他在作曲上达到最成熟的阶段，他的几部最重要的作品如《费加罗的婚礼》、《唐·璜》、《魔笛》、《女人心》等脍炙人口的歌剧和众多的小夜曲都创作于此时。

自由对莫扎特来说同时意味着贫困，但他不怕贫困，能坚韧地忍受着贫困的煎熬。然而贫困却过早地夺去了他的生命。1791年12月，年仅35岁的莫扎特病逝于维也纳。在他临死前，他仍默吟着自己心爱的歌剧《魔笛》的旋律，在音乐的庇护下，他默默闭上眼睛。

不向命运屈服的音乐家

贝多芬
BEETHOVEN

人物档案
姓　　名：路德维希·凡·贝多芬
生卒年：1770年～1827年
出生地：波恩
国　　籍：德国
身　　份：音乐家

贝多芬

德国伟大的作曲家，19世纪浪漫乐派的开山者。他用毕生心血创作了《命运交响曲》、《月光奏鸣曲》等不朽的经典作品。

被迫学音乐

贝多芬诞生于德国波恩。他的祖父和父亲都在宫廷乐队任职。贝多芬在来到人世的最初几年，享受着美好的时光。由于生活在音乐世家，他很早就开始接受音乐的熏陶。父亲希望贝多芬成为莫扎特式的音乐神童，从4岁起就强迫他练琴。

上学之后，弹钢琴和拉小提琴一直是贝多芬每天放学后额外的必修课。为了培养儿子，父亲在贝多芬上到4年级时便让他退了学，潜心在家学琴。父亲尽自己最大的努力，把自己所知道的全部音乐知识灌输给了贝多芬，使他从小打下了坚实的音乐基础。

贝多芬8岁时，父亲便带着他到科隆、鹿特丹进行了多次巡回表演，这给了贝多芬一个崭露头角的机会。在如此严格甚至是苛刻的环境下，幼年的贝多芬别无选择，用辛酸和痛楚换来了对音乐的最初理解，走上了音乐的神圣之路。

浪漫主义音乐之父——贝多芬

意外打击

1786年，母亲病逝，父亲又酗酒成性，16岁的贝多芬不得不担负起全家生活的重担。为了养家，他四处演奏，给富家子弟上课。渐渐地，他开始以成功的钢琴演奏家和优秀的教师而闻名。不久，他又成为一名多产的作曲家。

当贝多芬在艺术创作上正走向光辉顶点的时候，一扇痛苦的大门却悄然为他打开。1796年左右，他感觉到自己的听力在逐渐衰退。尽管他听从了医生的劝告，进行休养，但一切均无济于事，病情继续恶化。最后，医生经检查后确诊,贝多芬患的是当时无法治愈的神经性耳聋症。

残酷的现实一度使贝多芬感到绝望,他甚至打算自杀。但音乐与哲学拯救了他,他开始在哲学中寻找生命的力量。在德国伟大哲学家康德那里,贝多芬重新找到了生活的勇气,并树立起与命运作斗争的信心。从此,他置疾病于不顾,全身心地投入到音乐创作中。

贝多芬在莫扎特面前演奏。

与命运抗争

不向命运屈服的贝多芬

那时,整个欧洲已经普遍开始上演贝多芬的作品,贝多芬的声誉如日中天,传遍了整个欧洲。但是贝多芬并没有因此而自满,他又全身心地投入到创作中,开始写《第五交响曲》,即《命运交响曲》了。然而贝多芬的演出收入却很微薄,生活费主要来自出版作品的版税,因此他经常感到手头拮据。

虽然贝多芬的健康和经济状况都很糟,但是他没有向命运屈服。有一天,他发出了坚定的呼喊:"我要扼住命运的咽喉,命运休想使我屈服!"他忍着各种痛苦,终于在1808年写完了《命运交响曲》。

1808年12月的一天,这部交响乐在维也纳皇家剧院上演。演出时,贝多芬亲自在台上指挥乐队演奏。波澜壮阔的声浪一波高过一波,在激荡的音符中,人们仿佛看到了迸发的火山冲向天际,看到了滚滚的洪流铺天盖地而来,一瞬间震撼了剧场中所有的人。

1816年,在饥饿、疾病的折磨下,贝多芬双耳完全失聪,他只能通过谈话册与人交谈。但孤寂的生活并没有使他沉默和隐退。在一切进步思想都遭禁止的封建复辟年代里,他依然坚守"自由、平等"的政治信念,写下不朽名作《第九交响曲》。

贝多芬纪念像

浪漫钢琴诗人 肖邦
CHOPIN

人物档案
姓　名：弗雷德里克·弗郎西斯克·肖邦
生卒年：1810年~1849年
出生地：华沙
国　籍：波兰
身　份：音乐家

肖邦

肖邦是波兰伟大的作曲家、钢琴演奏家，典型的浪漫主义音乐语言的创造者之一。他的钢琴演奏技巧精湛，手法细腻，出神入化。

显露才华

肖邦诞生于波兰华沙一个教师家庭，父亲是法国人，母亲是波兰人。肖邦全家都酷爱艺术。当肖邦还在襁褓中时他便对母亲和姐姐的钢琴声有奇特的反应。4岁时，母亲便让肖邦和7岁的姐姐一起学琴，可是没过多久，小肖邦的水平就超越了姐姐。6岁时，父母终于明白肖邦具有音乐禀赋，于是让他跟随宫廷钢琴师季夫尼正式学习音乐。

7岁时，他写了一首《G小调波洛涅兹舞曲》，并印刷出版。8岁时，肖邦举行了第一次公开演奏。接着他又在华沙的音乐会上演奏，使听众讶异不已，将他誉为"莫扎特第二"。从这时开始，肖邦时常即席作曲即刻演奏，而且他非常擅长这种"即兴演奏"。

从1822年起，肖邦开始师从音乐学院的创始人约瑟夫·艾斯纳院长学习作曲。这位优秀的老师极赏识肖邦非凡的独创性才能，给他充分发挥的机会。同年，肖邦获得了俄国沙皇亚历山大一世御赐钻石戒指的最高荣誉。

图为与肖邦同一时代的法国钢琴家。后排右起第二人是肖邦。

1826年肖邦考入音乐学校成为艾斯纳院长的正式学生。在学校，肖邦不仅开始谱写曲子，并且时常涉足华沙的音乐界，正式步上音乐家之途。就读期间，他完成了举世闻名的《玛祖卡回旋曲》的创作。1829年，肖邦结束了音乐学院的学业，在艾斯纳的纪录簿上得到相当高的赞誉："品行出众，音乐天才。"

1829年，肖邦离开祖国前往欧洲的音乐中心维也纳，肖邦不仅在那儿开了独奏会，同时发表了改编自莫扎特歌剧的《唐·乔望尼变奏曲》，均获成功。当时还是新进作曲家兼评论家的舒曼曾极力推荐道："请各位脱帽致敬吧！这里出现了一位天才。"此语一出，无形中巩固了肖邦作曲家的地位。

体验祖国的悲难

肖邦在异国演奏钢琴曲。

1830年，因为波兰动荡不安，肖邦在亲友的安排下又出国发展。临行前，华沙音乐学院的师生们为他送行，并赠以盛满祖国泥土的银杯，勉其勿忘自己的国家。肖邦感动万分，泪流满面地说道："愿我能马上返回，如果事与愿违，那么当我被迫流浪在他乡，无论在我的心中或音乐里，将深深地刻印着祖国的痕迹，永远也不会忘记。"

肖邦在钢琴演奏上表现出了独特的天赋，这点与贝多芬十分相似。

肖邦逝世后，他的遗体按他的嘱咐埋藏在巴黎的彼尔·拉什兹墓地，那只从华沙带来的银杯中的祖国泥土，被撒在他的墓地上。肖邦的心脏则运回到他一心向往的祖国，埋葬在哺育他成长的祖国大地中。

肖邦在维也纳逗留期间，写了一些令人振奋的激励波兰革命的乐曲，鼓舞了波兰人民斗争的信心。他的作品从具有抒情诗的特点演变为具有民族史诗式的特点。在华沙起义直接影响下诞生的《C小调练习曲》、《A小调前奏曲》及《D小调前奏曲》标志着这一骤变的发生。

当时的奥地利在政治上与俄国友好，因此在波兰对俄国宣战后，奥地利也开始对波兰人民采取敌视态度。当时的法国在政治上是持反对俄国与奥地利的立场，因此大批的波兰难民就涌入巴黎。肖邦也于1931年来到巴黎。他在巴黎陆续写成的《第一谐谑曲》、《第一叙事曲》等宏伟的史诗性乐曲，也充分显示出整个风格的变化。

肖邦后半生是在巴黎度过的，那段岁月充满了难以排遣的孤寂。从30年代中期开始，肖邦经常患病，身体日渐衰弱，直至1849年逝世。

激情的形体思想家

罗丹
RODIN

人物档案
姓　名：奥古斯特·罗丹
生卒年：1840年~1917年
出生地：巴黎
国　籍：法国
身　份：雕塑家

罗丹

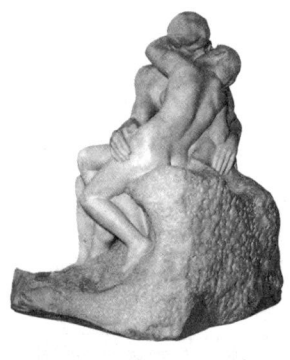
《吻》是罗丹的代表作之一。

图为1909年9月30日罗丹在雨果像揭幕仪式上的合影。

法国杰出的雕塑家，现代雕塑的开拓者，闻名世界的伟大艺术家。他的《思想者》、《青铜时代》、《吻》等都是后世公认的传神杰作。

艰难的学艺之路

罗丹出生在巴黎拉丁区一个普通的平民家庭。父亲是警察局的一位普通雇员，母亲是佣工出身的平民妇女。

罗丹的学生卡密尔所塑的罗丹像

童年时的罗丹是个红发、矮胖、害羞而又近视的孩子。他最热衷、最迷恋的事就是趴在地上画画。那时，小罗丹对自己的未来还没有一个明确的设想，休闲时倒是常去图书馆。有一回他在那儿看了几本介绍米开朗琪罗作品的书，当下茅塞顿开，决定要以画画为生。14岁这年，罗丹进了美术工艺学校。在学校学习美术时，罗丹遇到了他终生敬仰的启蒙老师荷拉斯·勒考克。勒考克从一开始就鼓励罗丹不要被教条束缚，要忠实于真正的艺术感觉，正是这种思想影响了罗丹的一生。

由于买不起油画颜料，罗丹转到了雕塑班，在当时法国著名的动物雕塑家巴耶那里学习，并从此爱上了雕塑。经过3年艰苦而勤奋的学习后，罗丹踌躇满志，决定报考巴黎美术学院。但是，他落选了，第二年依然落选。第三年，一个老师在罗丹的名字旁边干脆写上："此生毫无才能，继续报考，纯系浪费。"就这样，未来的欧洲雕刻巨匠，竟被巴黎美术学院永远地拒之门外了。此事对罗丹而言是一个沉重的打击，他甚至感到作为雕塑家，自己的生命结束了。

放弃学业

在以后的几年里,为了维持生活,罗丹曾从事过多种手工技艺,做金银首饰,塑制模型,烧制陶瓷,当装饰工人以及木匠、泥水匠,还给雕刻家当过助手。罗丹说:"我就是这样学会了我职业中的一切本领。"

更大的打击接踵而来,罗丹心爱的姐姐玛丽因失恋而入修道院了,两年之后因病去世。罗丹的精神受到打击,他毅然走上姐姐的路,当了一名修道士。但是创造的欲望在心中仍难以遏制,罗丹陷入内心的矛盾和痛苦中。善良而明达的修道院院长埃玛尔,从罗丹的表情上看出了他的心思。埃玛尔创造条件,让罗丹有机会去画画和雕刻。当他看到罗丹有才气后,就劝罗丹还俗,继续其雕塑事业。充满感激之情的罗丹特意为埃玛尔院长制作了一件雕像。这件雕像显示出23岁的罗丹已经拥有了当一名雕塑家的洞察力和技巧。

罗丹一生创作了很多雕塑作品,这些作品大多都是在简陋的工作室里完成的。

重返艺坛

罗丹重新回到启蒙老师勒考克身边,在老师的支持下,开始了边工作边自学的奋斗生涯。雇不起模特儿,他就请一个塌鼻的乞丐当模特儿。乞丐的丑陋使罗丹看到了,在其被磨损的脸上有着人类所共有的愁苦和凄凉。从此在罗丹的眼中,生活的美丑和艺术的美丑有了不同意义。他创作时将所要展现的思想内涵融入到作品中去,使雕塑艺术成为一种强有力的语言,使人们在思想上所感受到的内容要远远超过视觉感受。这一艺术思想正是大师米开朗琪罗在晚年苦苦追求的,而在三百多年后第一次在罗丹的《塌鼻男人》上得以成熟展现。这一思想贯穿罗丹一生,成为其艺术作品的灵魂和魅力的源泉。

罗丹把雕塑当做自己的毕生事业后,就开始不停地和偏见、政府、美术馆做斗争。他的《青铜时代》因为太像真人而被人怀疑是用人体浇铸而成的,直到罗丹在几位权威评审委员面前当众雕塑《行走的人》,流言才被粉碎。罗丹也由此走向了成功之路。

正在创作的罗丹

人物档案

姓　名：文森特·凡·高
生卒年：1853年～1890年
出生地：布拉邦特
国　籍：荷兰
身　份：画家

凡·高

尘世怪客
凡·高
VAN GOGH

荷兰19世纪的杰出画家，后印象派的代表人物。他善于用绘画表达主观感受。他的主要作品都是在他生命的最后几年完成的，代表作有《向日葵》、《星月夜》等。

天才的成长

凡·高出生于一个牧师家庭，他自幼性格孤僻且腼腆羞怯。在家庭宗教气氛的熏陶下，凡·高的表现与绘画并不是特别有缘，他手里拿的不是画笔，而是上帝的教科书《圣经》。在家里，只有弟弟提奥是唯一理解他的亲人。

13岁的凡·高看起来是个思虑沉重的少年。

小时候，凡·高不爱学习，但他很有语言天赋，会说英语、德语、法语，后来他又学过拉丁语、希腊语，再加上母语荷兰语，他总共会6种语言。他9岁时表现出了对绘画的浓厚兴趣，画过一些实物速写，并临摹过石版画。

1869年中学毕业后，凡·高被送到海牙一家美术商店当学徒，这算是他最早受的"艺术教育"。不久他又先后到巴黎总店和伦敦分店卖画。年仅16岁的凡·高，就这样天天接触美术品，耳濡目染，认识和欣赏能力渐渐增强，可是这并没使他受到赏识，工作得到认可。不久，凡·高就不辞而别，回到家里。后来他到了一家牧师所办的学校任助理牧师。

凡·高笔下的向日葵不仅仅是植物，更是带有原始冲动和热情的生命体。

执笔绘画

1878年12月，凡·高前往比利时博里纳日矿区从事牧师工作。一次，凡·高在矿区闲荡，突然，他从一个老矿工身上发现有一种什么东西打动了自己，这种触动驱使他从口袋中翻出一截铅笔和一封家信。他迅速地把那个迈着缓慢、沉重步伐，穿过黑色原野的身影画了下来。他觉得画面上的人物说出了他想说的一些话，而且还引发出一种不可遏止的冲动。他觉得自己是在怀念那久违的艺术世界，感觉自己已经走到了艺术殿堂的大门口。

癫狂之举

1888年，厌倦了大城市生活的凡·高，来到法国南部小城阿尔，在这里开始了他一生中创作的高潮。凡·高在阿尔生活的那段时光很幸福。他生活在农民中间，和大家朝夕相处，在那不停地创作。在这期间，创立一个"画家之家"的想法呈现在凡·高的脑海里。他邀请画家高庚到阿尔同住，希望能与高庚一同来实现这一理想。

1888年10月，怀才不遇、玩世不恭的高庚来到阿尔，但他的到来却给凡·高带来了一连串的不幸。高庚傲骨铮铮，骄狂蔑众，很难与人相处。从一开始高庚就不断嘲讽、揶揄凡·高的绘画，并经常取笑凡·高的情场失意，同时又妒忌凡·高的艺术才能和对艺术的忠诚，两人常常争吵不休。但生性淳朴憨厚的凡·高总对朋友宽宥容忍，主动要求和解。

在圣诞节前夕，高庚买通一个小妓女故意耍弄凡·高。那女人对凡·高说："你若给我5个法郎，我便好好接待你，否则要用你的大耳朵送我做圣诞礼物。"喝得半醉的凡·高一时激动，抓起一把锐利的剃刀，一下就将自己的右耳割下，随后将耳朵包在一块画布里派人送到妓院。

后来，凡·高为此还画了割了耳朵的自画像。画中的凡·高头缠绷带，口含烟斗，眼神中呈现出无比的悲哀。精神的分裂和深刻的理智在画中达到了奇妙的统一。他自己说："我越是理智分裂，越是虚弱，就越能进入一种艺术的境界。"

这时的凡·高已陷入了精神疾病的泥潭。之后，凡·高怀着复杂的心情来到圣雷米的修道院接受精神治疗。他每隔一段时间就发病一次，但平时他极为清醒。清醒时他还创作了大量作品。

1890年7月27日，在外出写生时，凡·高开枪自杀，但没有打中要害，被人抬回家。由于拒绝接受治疗，7月29日，凡·高去世，终年37岁。

凡·高根据黑白照片绘出的母亲肖像

凡·高《有烟斗的自画像》

凡·高在住院期间所绘的《医院的中庭》

新画派的宗师

毕加索
PICASSO

人物档案
姓　名：帕勃洛·毕加索
生卒年：1881年~1973年
出生地：马拉加
国　籍：西班牙
身　份：画家

毕加索

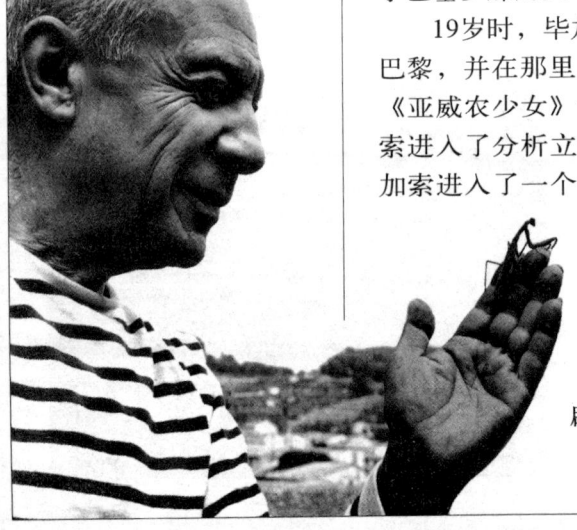

毕加索热爱艺术，不断在自然界中追寻创作灵感。

毕加索是20世纪在视觉艺术方面最有独创性、最全面、最强有力的人物。他以"现代艺术魔术师"的身份横空出世，以绚烂的画笔，创作出一幅幅影响深远的巨作。

毕加索出生在西班牙马拉加一位图画教师的家庭。他在很小的时候就显露出了绘画天赋，还学会了用绘画表达自己的意志。

1895年，毕加索随父母迁居巴塞罗那。之后，他考进了巴塞罗那美术学院。1896年，毕加索完成了三幅作品：《第一次圣餐》、《唱诗班的男孩》和《科学与仁慈》，其中，《科学与仁慈》在马拉加全省美术展上捧得金奖。后来，毕加索在叔叔的资助下，进入了马德里的圣费尔纳多皇家学院。由于毕加索受不了学校空洞、教条和死气沉沉的氛围，就卷起行李，回到了巴塞罗那的父母身边。

《亚威农少女》是毕加索开创"立体主义时期"的代表作。

19岁时，毕加索只身闯荡巴黎，并在那里度过了五年的艰苦生活。1907年，画作《亚威农少女》诞生了，这一作品的诞生，标志着毕加索进入了分析立体主义研究和创作时期。从此以后，毕加索进入了一个又一个不安分的探索时期，他的作品花样繁多，变化无常，但却散发着永恒的艺术魅力。

在毕加索的一生中，从来没有特定的老师，也没有特定的子弟，但凡是在20世纪活跃的画家，没有一个人能独辟蹊径，跨越毕加索开创的艺术境界。

[第八章] Part8

名家名流

在人类社会这幅更迭变幻的历史画卷中，有一类人物凸现其上，他们的所作所为无一例外地契合了时代的发展潮流，成为当时众人关注的焦点。哥伦布数次远渡重洋，发现美洲这块富饶而神秘的大陆，揭开了美洲社会"文明化"的序幕；顾拜旦为了复兴奥林匹克和平、进取的精神，四处奔走呼吁，终于促成了现代奥林匹克运动的诞生；海伦·凯勒身残志坚，自强不息，成为世人的楷模；比尔·盖茨为个人电脑设计了视窗操作系统，用智慧创造了信息时代的财富奇迹……本章将为您展现这些名家名流的成长历程，领略他们的特异风采。

人物档案

姓　名：克里斯托弗·哥伦布
生卒年：1451年~1506年
出生地：热那亚
国　籍：意大利
身　份：航海家

哥伦布

航海冒险家
哥伦布
COLOMBO

伟大的航海家、美洲大陆的发现者。他发现新大陆的同时也开辟了横渡大西洋的新航路,这两大发现极大地改变了世界历史的面貌。

迷上航海

哥伦布出生于意大利海滨城市热那亚一个织工家庭。热那亚是当时航海业十分发达的城市,哥伦布在父亲的带领下经常出海,出海的经历使他对航海充满了兴趣。1471年前后,20岁的哥伦布彻底放弃了在父亲作坊的工作,投身到从少年时代起就一直令他魂牵梦萦的航海事业当中去了。

哥伦布在读过《马可·波罗游记》后,对陌生而神秘的东方产生了浓厚的兴趣,时刻向往着东方之行。当时的葡萄牙正致力于开辟绕过非洲到达印度的航线。他来到葡萄牙的里斯本,通过与一些船长、海员频繁交往,获得了许多有关大海的知识和航海信息。

1476年秋,哥伦布参加了一条葡萄牙商船的远航,航行到被称为"地球末端"的图勒(冰岛)。他所在的商船队行经葡萄牙附近海域时,突然遭到法葡联合舰队的袭击,结果船毁人亡。他却幸运地借助一根漂浮着的长桨游到了葡萄牙海岸。在葡萄牙首都里斯本,他当上了船长,继续他的航海生涯。

发现美洲大陆

哥伦布在为他的远航招募船员,准备装载供给。

1492年,哥伦布在西班牙王室的资助下开始实施探索东方航道的计划,即开辟一条越过大西洋到印度的海上航线。

这年8月3日早上,哥伦布率领88名水手,分乘3艘帆船,从帕洛斯港出发远航。哥伦布先向南航行到非洲的加纳利群岛,然后,从加纳利群岛出发向西航行。

随着航行时间和距离的增加,水手们的情绪越来越焦躁。单调的生活,千篇一律的饮食,永没有尽头的大海……这一切都令他们不安。惊慌和恐惧加剧了人际关系的紧张。

为了转移众人的注意力,给航行注入新的动力,哥伦布宣布了一条国王和王后的悬赏命令:第一个看见陆地的人将得到1万马拉维迪年金的奖赏。在利益的驱使下,水手们一个个轮番爬上瞭望台,极目张望,都想成为得奖人。3条船你追我赶,以更快的速度疾驶。

哥伦布出发前,西班牙国王和王后为其送行。

图为以哥伦布发现美洲为场景的挂毯。左为西班牙皇后资助哥伦布远航,中为首航归来,右为登上"圣玛丽亚"号。

从加纳利群岛一直向西航行了31天,船上水手们的情绪再次暴躁起来。面对这种情形,哥伦布只得向水手们宣布:从今天起以3天为期限,3天后如果看不见陆地或岛屿则返航!

哥伦布发现新大陆。

10月9日这天,哥伦布决定船队跟着鸟群飞翔的方向行驶。10月10日,信风加强,船速很快。10月11日,船队碰到强大的顺流,船速更快。陆地的迹象:树枝、绿叶、花草不断地在海面上出现,哥伦布知道陆地马上就要到了。船员们的情绪也因为驶近陆地而重新高涨。他们现在对哥伦布完全信服了。

到10月12日凌晨,船队终于抵达了陆岸——巴哈马群岛中的一个小岛。船队驶向岸边小岛的背风面,然后绕道西行,靠近一个河湾才安全抛锚。

哥伦布是在远航几乎近于绝望的时刻发现了海岛,遂将此岛命名为"圣萨尔瓦多"(意为"救世主")。这个小岛也就成为哥伦布意识中的印度,故而将当地居民称为"印第安人"。事实上,哥伦布在他一生的几次航程中均未真正到达过印度,他所称的"印度"其实是今天我们所说的美洲大陆。

热衷于航海的哥伦布

复兴奥林匹克运动的先驱

顾拜旦
GOUBERTIN

人物档案
姓　名：皮埃尔·德·顾拜旦
生卒年：1863年～1937年
出生地：巴黎
国　籍：法国
身　份：奥运会秘书长、奥委会主席

顾拜旦

现代奥林匹克运动的创始人。他为奥林匹克运动兴起做出了卓越贡献，被尊称为"现代奥林匹克之父"。

认识古代奥林匹克运动会

顾拜旦出生在法国巴黎一个世袭的贵族家庭。父亲是一个保皇派官僚；母亲从事慈善事业，是一位虔诚的教徒。作为家中最小的一个孩子，从少年时代起，顾拜旦就对体育有了广泛的兴趣，喜爱拳击、划船、击剑和骑马等运动。入学后，他对文史课程产生了浓厚的兴趣，并饶有兴趣地涉猎了古希腊的灿烂文化。在这个过程中，他了解到许多有关古代奥林匹克的知识，这对他以后的发展影响深远。

后来，顾拜旦渡海前往英国学习"教育学"。在古希腊文化的熏陶和当时英国资产阶级教育的影响下，顾拜旦逐渐萌发了改革法国教育制度和倡导体育运动的思想。大学毕业后，顾拜旦没有听从父母的规劝——涉足军界、法律界，毅然决定走发展教育和体育的道路。

顾拜旦回国后，选择了从事教育工作和体育工作的道路，陆续出版了《教育制度的改革》、《运动的指导原理》、《英国与希腊回忆记》、《英国教育学》等一系列著作，提出了许多改革教育、发展体育的建议，产生了一定的国际影响。

1875年至1881年间，在考古工作者的努力下，古代奥运会的遗址不断被挖掘出来了，顾拜旦对此十分感兴趣，

在古代奥林匹克运动会上的优胜者，获得用橄榄枝叶做成的花冠，这在当时是一种无上的荣耀。

古代奥林匹克运动会的场景

他提出了一个十分有价值的挖掘计划。当时他曾写道："德国人发掘了奥林匹亚的遗址，可是法兰西为什么不能着手恢复她古代光荣的历史呢？"

光复奥林匹克运动

1888年，顾拜旦就任法国"学校教育、体育训练筹备委员会"秘书长。次年，顾拜旦代表法国参加了在美国波士顿举行的"国际体育训练大会"。与会期间，他进一步了解了世界体育发展的动态，敏锐地感觉到近代体育的发展正在走向国际化，一批国际性的单项体育联合会组织相继成立。这些组织都为现代奥运会的诞生奠定了基础。

顾拜旦与家人的合影

1890年，顾拜旦生平第一次访问了奥林匹克运动的发源地——希腊的奥林匹亚。当他看到古奥运会的遗址时，十分感慨，并产生了举办由各国派代表参加的奥林匹克运动会的想法，想以此增进各国运动员之间的友谊。经过顾拜旦及其同事们的多年努力和精心筹备，"恢复奥林匹克运动会代表大会"于1894年6月18日至24日在巴黎召开，来自12个欧美国家的79名正式代表参加了会议。在这次会议上，代表们一致通过恢复奥林匹克运动的宪章，确定了现代奥运会的宗旨，并规定只允许业余运动员参加。

1894年10月，顾拜旦再次对奥林匹亚地区进行实地考察。为了节约资金，考虑到交通不便，他取消了在奥林匹亚举办运动会的打算，决定按古希腊风格，在雅典新建一个可容纳5000名观众的体育场，举办现代第一届奥林匹克运动会。经顾拜旦的多方奔走、积极努力，在希腊富商乔治的资助下，首届奥运会于1896年4月5日在雅典召开。

顾拜旦被誉为"现代奥林匹克之父"

从1896年至1925年，顾拜旦一直担任国际奥委会主席，在他任职期间，国际奥委会成员由14个发展到40个。同时，在他的支持下，先后成立了20多个国际专项运动联合会。1925年，他因年事已高，主动辞去担任29年之久的国际奥委会主席职务。

1937年9月2日，顾拜旦因心脏病突发在瑞士洛桑与世长辞，终年74岁。

顾拜旦在发表有关现代奥林匹克的演讲。

人物档案

姓　名：亨利·福特
生卒年：1863年~1947年
出生地：底特律
国　籍：美国
身　份：福特汽车公司创始人、
　　　　汽车制造专家

福特

福特汽车公司先进的流水生产线,生产出成千上万辆销往各地的汽车。

福特坐在自己生产出的第一辆四轮驱动汽车上。

汽车大王

福特

FORD

当代美国汽车工业的先驱者之一,福特汽车公司的创始人。他不但是杰出的汽车制造专家,还是自动化流水线生产方式的首创者。

拆表的小男孩

年幼的福特对摆弄机械有一种直觉的兴趣。他5岁半被送进了学校。这个性格内向的聪明男孩,读书时的成绩远远谈不上出类拔萃,因为他的大部分精力都用在研究机械上。他最喜欢将手表上的每个零件拆下来,然后一个零件一个零件地组装上,同学们都叫他"狂热的钟表匠"。

一天,福特听说好朋友霍金斯的手表坏了,立即去找他。"什么?你会修手表?"霍金斯怀疑自己听错了。"没错。"福特边说边挺了挺胸脯,话语中充满了自信。霍金斯认真地瞧了瞧他后说:"好吧,我让你试试。"半个小时之后,福特将表送回来了。霍金斯半信半疑地接过手表,仔细检查之后发现手表走时正常,他喜出望外,连声称赞福特了不起。

很快,邻居们都知道小福特有一手修钟表的"绝活"。这下小福特每天晚上都有事可忙了。当家里的人都睡了,他还一个人待在房间里帮邻居们修理钟表,或溜出去替人家修农具,经常要忙活到很晚甚至通宵达旦。小福特通过干这种修理工作,获得很多机械方面的知识,积累了不少经验。

造车历程

1876年夏季的一天,13岁的福特随父亲乘马车前往底特律市。突然,远处传来一阵奇怪的声音:"哐当!哐当!哐当!""快看!"父亲指了指前方。福特抬头一瞧,看见一辆神奇的、能自己"走路"的蒸汽机。"啊,实在太妙了!"

福特发出一声惊叹，猛地跳下马车，跑了过去。福特一边瞪着眼睛仔细地观察蒸汽机，一边向机器的主人询问有关问题。主人给福特耐心地讲解了蒸汽机如何使用链条转换力的支点，用皮带推动静止的机车。从那以后，福特对制造引擎产生了特殊的兴趣。

福特参加汽车比赛。

16岁时，福特来底特律谋生。在这里，福特白天在福拉瓦工厂做机器修理工，晚上到一家钟表店做兼职。后来，为了学到新的技术，福特又到当时底特律最大的一家专门制造轮船引擎的特莱特克机器公司去做工。通过3年的学习，福特终于成长为一名优秀的技师。有一次，福特从机械杂志上了解到，法国人发明了装有汽油引擎的汽车，他十分振奋，决心要造出自己的汽车。为此，福特一边工作一边着手进行汽车的研制，终于在1896年6月4日凌晨2点造出了自己的第一辆汽车。

流水线生产

福特是汽车生产王国中的杰出人物，他将汽车变成一种大众消费品。

福特画像

1902年，福特的汽车在赛车比赛中夺冠，他从一个默默无闻的机械技师一跃成为全美赛车冠军。一时间，介绍福特与福特汽车成为报纸的头条新闻。不久，福特又开着新制造出的"999"牌汽车在赛车比赛中创造了全国纪录。福特汽车的优越性能引起了大财阀马尔科姆逊的兴趣，他决定与福特联办汽车公司。1903年，福特汽车公司成立，其目标定位是生产大众汽车，并成功地推出了福特A型车及后来的福特T型车。

随着大量订单的到来，产品供不应求。为了提高生产效率，1913年，福特发明了高效率的"运动中组装法"（即现在的流水线生产方法）。采用流水线生产后，福特汽车公司的汽车产量激增，而车价却一降再降，福特汽车因质优价廉而畅销全球，成为汽车业的领先者。

人物档案

姓　名：海伦·凯勒
生卒年：1880年~1968年
出生地：亚拉巴马州塔斯康比亚镇
国　籍：美国
身　份：教育家、作家

海伦·凯勒

与命运拼搏的榜样
海伦·凯勒
HELEN KELLER

尽管命运之神夺走了她的视力和听力，然而她却以勤奋和坚韧不拔的精神战胜了厄运，她的名字也成为坚韧不拔意志的象征。

苦涩单调的童年

1880年6月27日，在美国南部亚拉巴马州一个叫塔斯康比亚的小镇上，海伦·凯勒降生了。所有的人，包括这个幼小的生命，此时都不会想到厄运降临得如此快。海伦刚出生还不足19个月，一场急性脑充血病就向她袭来。她连日高烧不退，昏迷不醒。等她苏醒过来的时候，大人们发现小海伦的眼睛瞎了，耳朵聋了。从此，她便生活在黑暗和死寂中。

童年的海伦不知道世界是有声有色的。她无忧无虑地在大家的关爱中成长，以为大家也跟她一样，眼前是一片漆黑，也不懂得人们是用语言进行交流的。

海伦5岁时开始意识到她与别人不同。她发现家里的其他人不用像她那样做手势，而是用嘴交谈。有时她站在两人中间触摸他们的嘴唇。她不知道他们在说什么，她自己也不能发出带有含义的声音。她想讲话，可无论费多大的劲儿也无法使别人明白自己的意图。这使她异常懊恼，以至于常常在屋子里乱跑乱撞，灰心地又踢又喊。慢慢地，小伙伴们都不敢跟她一起玩了。

战胜残疾

海伦快满7岁的时候，充满爱心的安妮·沙利文老师来到了她的世界，从此改变了她的命运。沙利文到海伦家担任家庭教师的第一天，就送给海伦一个玩具娃娃，并用手指在海伦的小手上慢慢地、反复地拼写"d-o-l-l"（玩具娃娃）这个单词。

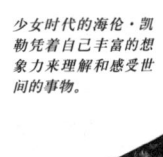

少女时代的海伦·凯勒凭着自己丰富的想象力来理解和感受世间的事物。

海伦立刻对这种游戏产生了浓厚兴趣。她一遍又一遍地模仿着老师的动作,从此开始懂得世间万物都有各自的名字,开始知道自己的名字叫"Helen Keller"(海伦·凯勒)。

海伦的"哑"是因为丧失听力而造成的,她的声带并没有受损。10岁那年,海伦开始学习说话。因听不到别人和自己的声音,她只能用手去感受老师发音时喉咙、嘴唇的运动,然后进行成千上万次的模仿和纠音。当海伦首次像正常人那样说出"天气真热"这句话时,海伦和沙利文老师在惊喜之余都意识到,在她们顽强的毅力面前,再没有克服不了的困难。

海伦除了嗜书如命以外,还喜欢骑马、游泳、划船,酷爱表演艺术。靠着不屈不挠的意志,海伦学会了唇读,可以通过"手"听到马克·吐温为她"朗诵"的短篇小说。读书不但使海伦成为一个学富五车的学者,也陶冶了她美好的心灵。

海伦和沙利文老师正用手语交谈。

1948年,了不起的海伦·凯勒(右)与波丽·汤普森在一起。

为社会服务

1902年,在一位文艺评论家和一位英文教师的帮助下,海伦完成了她的处女作《我生活的故事》。这部自传性质的作品,以它的真实感人,文笔生动,一问世便引起了巨大轰动。

1904年6月,海伦从拉德克利芙女子学院毕业后,和老师沙利文一起投身于聋哑盲人的慈善事业。两年后,海伦被任命为马萨诸塞州盲人委员会主席。在她的倡导和影响下,美国政府于1913年创办了第一所国立盲人图书馆。1921年,通过她的积极活动,美国全国性民间组织——美国盲人基金会宣告成立。她通过写作和演讲等方式,唤起残疾人的自强意识,鼓舞他们的斗志,增强他们战胜困难的信心、勇气和力量。在战争时期,她曾去过70多所医院,去慰问那些残疾士兵。她的足迹遍布世界各地,她的所作所为赢得了全世界的赞誉。

海伦·凯勒通过阅读盲文书籍增长了很多知识。

天才的喜剧表演大师

卓别林
CHAPLIN

人物档案
姓　名：查尔斯·卓别林
生卒年：1889年~1977年
出生地：英国伦敦
国　籍：瑞士
身　份：电影演员、导演

卓别林

卓别林是英国出生的美国电影演员和导演。他一生共拍摄80余部喜剧片，在剧中塑造了一个个哀婉动人、幽默风趣的流浪汉角色，是公认的喜剧大师和电影大师。

在磨难中成长

卓别林诞生于英国伦敦的一个贫民区。他的父母都是当地杂剧场的喜剧演员。他1岁时，父母便离了婚。此后，他和哥哥同母亲生活在一起。小卓别林生得聪明伶俐，并且非常喜欢唱歌跳舞。母亲每次演出都要把他带到剧院，让他站在舞台边观看演出。

卓别林3岁那年的一天，母亲失业了。自从母亲失业后，家境越来越贫困，他们一再搬迁，最后，他们不得不住进贫民收容所。一年后，母亲患上了精神病，被送进疯人院。病愈后的母亲靠给人做针线活儿赚些钱，供卓别林上学。

卓别林非常珍惜学习的机会。在学校，他总有一种冲动，要把自己的才能向同学们展示出来。可是好景不长，迫于生计，卓别林恋恋不舍地离开了他喜爱的学校。

为了挣钱养家糊口，卓别林做过报童、用人，干过吹玻璃工、印刷工，还学会制作玩具船，沿街叫卖自制的玩具。不久，母亲因旧病复发被再次送入疯人院，而那时，当水手的哥哥又随船去了非洲，11岁的卓别林不得不一个人孤苦无依地流落街头。

登台表演

卓别林一心向往当一名演员，并积极为此寻找机会。终于，他在一个巡回剧团找到了工作，12岁的卓别林正式成了一名演员。从此，他跟随戏

《摩登时代》中的卓别林
卓别林在《摩登时代》里饰演流水线上的作业工人查利。在现代资本主义企业生产高度机械化的背景下，传送带把工人变成了机器的简单附属品，单调的机械化劳动使查利神经紧失常，他的行为使人发笑，可他行为的原因却值得人们深思。

班，过着漂泊不定的生活。随后，他又在一个叫凯西的马戏团里做事。在剧团工作期间，他刻苦训练，精益求精，不断吸取古典幽默剧的优良传统，逐步形成了一套独特的哑剧风格。

17岁时，卓别林进入了当时非常有名的卡尔诺剧团。在这里，卓别林遇到把自己带进喜剧表演最高行列的良师卡尔诺。卡尔诺的教导为卓别林的喜剧表演打下了坚实的基础。

1954年，周恩来和王炳南出席日内瓦会议期间宴请了卓别林夫妇。

1913年夏天，美国喜剧电影制片商、启斯东公司的董事亚当·凯塞尔偶然看到卡尔诺剧团在美国的巡回演出。当时正在上演哑剧《伦敦俱乐部之夜》，卓别林在剧中扮演的角色是一个醉汉。卓别林的表演深深地吸引了凯塞尔，他开出相当优厚的条件，欲聘请卓别林为启斯东公司拍喜剧片。在凯塞尔的再三邀请下，卓别林离开了卡尔诺剧团，来到了美国好莱坞塞纳特的电影制片厂。

卓别林

卓别林所拍电影的海报贴满了欧洲大小城市的街头。

在好莱坞，卓别林开始独立摸索电影表演。尽管他主演的第一部喜剧片《二十分钟的爱情》还很不成熟，但是他精湛的演技却在观众中赢得了喝彩。美国的观众从对他一无所知，发展到愈来愈喜欢他的表演了。

坚持正义

二战前后，富有正义感和社会责任感的卓别林通过多部影片大胆揭露资本家和军火商等剥削者的罪行。不久，他便因此受到美国政府的迫害。为此，他发表了一篇题为《我向好莱坞宣战》的文章，向全世界控诉他所遭遇的迫害。1952年，美国政府决定对正在法国旅行的卓别林实行限制入境。随后，卓别林决定定居瑞士。

1954年5月，在柏林召开的世界和平理事会宣布，鉴于卓别林"丰富多彩的活动，对和平事业及各国人民之间的友谊做出的特殊贡献"，给他颁发国际和平奖。

卓别林在影片里扮演的流浪汉夏尔洛已经成为他演艺生涯中的标志性形象。

美国现代英雄

马丁·路德·金
M. L. KING

人物档案
姓　名：马丁·路德·金
生卒年：1929年~1968年
出生地：亚特兰大
国　籍：美国
身　份：牧师、社会活动家

马丁·路德·金

美国黑人牧师，20世纪中期美国黑人民权运动的领袖、杰出的社会活动家，1964年诺贝尔和平奖得主，曾发表著名的演说《我有一个梦想》。

抗击歧视运动

马丁·路德·金出身于一个具有南方黑人牧师传统的家庭，父亲和外祖父都是教会传道士。他15岁时在一项培养天才学生的特殊计划的资助下，进入亚特兰大莫尔豪斯学院学习，于1948年获学士学位。

1955年12月1日，一位名叫罗莎·帕克斯的黑人妇女在公共汽车上拒绝把座位让给一位白人乘客，结果她遭到警察逮捕，理由是她违反了种族隔离法。这一事件导致了蒙哥马利改进协会的成立，刚到此地任职的马丁·路德·金被推选为协会领袖，代表黑人市民向政府索要平等权利。在马丁·路德·金的领导下，蒙哥马利市的黑人市民积极地响应了他的号召，一时间所有的黑人市民宁可步行上下班，也不去乘坐公共汽车，这一运动使公共汽车公司的收入下跌了65%。

一年后，地方法院被迫做出了反对在公共汽车上实行种族隔离的判决。随后，最高法院确认了这一判决，要求制订了类似隔离法的其他12个州取消公共汽车上只供白人乘坐的标志。

1961年，种族平等大会、学生非暴力协调委员会和他领导下的南方基督教领导会议等民权组织发起了"自由乘客"运动，冲击州际公共汽车的种族隔离制度，把黑人民权运动推向全国。结果州际商业委员会命令所有的公共汽车公司在州际路线上取消种族

马丁·路德·金受到支持者的热烈欢迎，妻子当众给了他一个吻。

隔离行为。

"我有一个梦想"

1963年4月，马丁·路德·金又领导了一系列静坐和示威行动，抗议伯明翰商店、旅店和就业方面的种族歧视，遭到伯明翰当局的镇压，结果他和其他领导人被逮捕。这些暴行使抗议活动迅速扩大。在伯明翰的示威抗议运动快要结束时，为尽快把各种力量团结起来以争取和平改革，马丁·路德·金与其他民权运动的领袖们一起，组织了历史性的"向华盛顿进军"。

1963年8月28日，20多万人汇集在林肯纪念堂附近，举行各种族间的集会。马丁·路德·金在林肯纪念堂前发表了著名的《我有一个梦想》的演说："……我有一个梦想，梦想有一天这个国家履行她的信条的真正含义：'我们拥有这些不言自明的真理——人人生而平等。'我有一个梦想，梦想有一天在佐治亚的红山上，先前奴隶的子孙与先前奴隶主的子孙能体现兄弟般的情谊，围着桌子坐在一起……"演讲所爆发出的情感力量和预言性，使与会群众士气高昂。

"向华盛顿进军"将战后黑人民权运动推向高峰，它使争取公民平等权利的斗争真正成为全国性的伟大群众运动。1964年7月，美国国会经过旷日持久的辩论，终于通过了美国历史上内容最广泛的《公民权利法案》，宣布取消公共膳宿中的种族隔离，将公营机构和就业方面的种族歧视视为非法。同年12月，马丁·路德·金获得了诺贝尔和平奖。

1968年春，马丁·路德·金去田纳西州孟菲斯市支持该市清洁工人的罢工。4月4日，当他站在他和同伴们所住汽车旅馆的阳台上时遭枪击。这次暗杀震动了美国及全世界，约翰逊总统下令全国降半旗为他致哀。这是美国历史上首次为一位黑人降半旗致哀。

一名黑人女生进入一所白人的学校时，倾向于种族隔离的白人学生对其进行谩骂。

马丁·路德·金因领导美国黑人民权运动曾一度被捕入狱。

马丁·路德·金在林肯纪念堂前发表《我有一个梦想》的演说。

用智慧创造财富奇迹的人

比尔·盖茨
BILL GATES

人物档案

姓　名：比尔·盖茨
生卒年：1955年～
出生地：西雅图
国　籍：美国
身　份：微软公司主席兼首席软件设计师

比尔·盖茨

有史以来最年轻的世界首富，美国微软公司的创建者，视窗操作系统的研制者之一，个人电脑革命的领军人物。他用智慧缔造了20世纪信息时代创业的神话。

痴迷于电脑

盖茨出生在美国西雅图一个富足的家庭。他的父亲是当地一位有名的律师，母亲是医生，外祖父是美国第九大银行的副总裁。

少年时代的比尔·盖茨就对电脑产生了极大的兴趣。

盖茨从小就特别喜欢数学，他常常表现出超出同龄人的数学天赋。11岁的时候，盖茨进入西雅图最著名的私立中学——湖滨中学学习。进入这所学校后，盖茨以他的进取心、坚韧的性格、处事的态度和他的聪明才智，很快在各方面超过了其他的同学。当时正值计算机悄然兴起之时，湖滨中学花巨资购置了计算机，供学生们了解、学习之用。喜欢数学和自然科学的盖茨很快就迷上了计算机，和盖茨同时对计算机产生浓厚兴趣的还有大盖茨两岁的高中部学生保罗·艾伦。共同的爱好使他俩成了好朋友。

1973年，盖茨考进了哈佛大学，依从父母的意愿学习法律。事实上，在学校里，盖茨仍在盘算着如何发挥自己的特长，如何实现自己的软件王国之梦。

1975年1月，好友艾伦给盖茨带来了一本《大众电子学》杂志，上面刊登了世界上首台商用微型电脑问世的消息，并称该电脑尚未开发成熟软件程序。这一消息使他们产生了长时间的兴奋。他们说服了那台电脑的发明人——埃德·罗伯茨，由盖茨和艾伦为电脑编制程序。在随后的8周里，盖茨和艾伦在哈佛大学的宿舍和艾肯计

比尔·盖茨和苹果公司的创始人史蒂夫·乔布斯

算机中心里夜以继日地工作。他们克服了各种困难，在经过几十次的模拟试验后，BASIC语言程序终于诞生了。

退学创业

1975年6月，盖茨不顾家人的强烈反对，执意中断了在哈佛大学的学业，和艾伦一起在新墨西哥州的阿尔伯克基创建了微软公司。

比尔·盖茨在微软公司的办公区里设置了一间独特的创作室。

微软公司的兴起源自80年代初的PC革命。1981年，IBM(国际商业机器公司)正式推出了IBM个人电脑(PC)。IBM需要为自己的产品寻找基于英特尔X86系列处理器的操作系统，于是IBM找到了微软。微软将购买所得的PC-DOS操作系统更改为MS-DOS，授权给IBM使用。这一联盟的结果导致两家公司一同促成整个PC工业翻天覆地的变革，而微软更是获利丰厚，公司规模迅速扩大。

比尔·盖茨与妻子梅林达·弗伦奇在一起。

随着IBM个人电脑的节节胜利，微软也平步青云。1982年5月，作为MS-DOS的升级版本DOS.1版正式完成，公开发售。这时只有26岁的盖茨一跃成为计算机软件行业举足轻重的人物。

1984年，苹果电脑公司的Macintosh电脑问世，它提供了一个辅以鼠标的基于图形操作界面的浏览系统，这大大吸引了业界的目光。1985年11月，微软发布了与苹果Macintosh电脑极为相似的视窗操作系统。1995年8月，Windows95的发布更是将微软公司推向了计算机软件工业的巅峰，公司占据了个人电脑的软件开发和服务市场的大部分市场。

新产品发布会上，比尔·盖茨在宣传微软公司开发的Windows95操作系统。

微软公司在短短几年间取得如此巨大的成就，几乎垄断了个人电脑软件市场，这都得归功于盖茨的经商才能。据《福布斯》统计，盖茨已连续10年当选全球首富。

盖茨经过艰苦奋斗所取得的巨大成功，不仅给他带来了数以亿计的财富，而且也使他成为家喻户晓的世界名人。令人意想不到的是，2008年6月28日，比尔·盖茨发表告别演说，正式宣布辞去微软执行董事长的全职工作，并将把自己580亿美元的财产全数捐给了慈善基金。

人物档案

姓　名：迈克尔·乔丹
生卒年：1963年~
出生地：纽约市布鲁克林
国　籍：美国
身　份：篮球运动员

乔丹

篮坛飞人
乔丹
JORDAN

他 是20世纪最伟大的篮球运动员之一，曾率领芝加哥公牛队6次获得NBA总冠军，建立起"公牛王朝"的神话，创造了NBA历史上的奇迹。

成长之路

乔丹出生在纽约布鲁克林的一家天主教院里。

乔丹13岁的时候，全家搬到了北卡罗来纳州南部小城威明顿，由于威明顿地区一度没有可供黑人及白人孩子一起读书的公立学校，乔丹兄弟姐妹5人每天的主要活动就是体育运动。他们玩篮球、美式足球、棒球，有时候赛跑、跳远。这些无疑成了乔丹后来驰骋篮坛的第一课。当父亲终于发现不可能让乔丹继承自己的衣钵，做一名合格的机械维修师之后，便决定让乔丹顺着自己的兴趣发展。就这样，在上小学后，乔丹很快成为小学篮球队的主将。12岁时，乔丹和他的小队友们便为学校赢得北卡罗来纳州少年篮球锦标赛冠军。1979年，年仅16岁的乔丹参加著名的"明星夏令营"。夏令营比赛结束时，他被评为"最有价值的球员"。

篮坛新星

虽然乔丹非常喜欢打篮球，而且球技在同龄人中技高一筹，但在高二年级的一次篮球队的选拔赛中，还是名落孙山，原因是他的个子太矮。乔丹知道自己先天不足，于是他把希望寄托在训练中，把业余时间几乎全部用于练球。努力没有白费，奇迹终于发生了，他的球技突飞猛进，身高也从1.80米长到1.90米。

后来，学校的足球队、田径队、棒球队都曾拉乔丹加盟，而他则把一切机会都视为向命

在比赛中，乔丹不会给对手任何突破的机会。

运的挑战。各种各样的训练使乔丹具备了超人的身体素质。以后人们发现，篮球场上的乔丹具有足球队员的果敢敏捷、跳高运动员惊人的弹跳力和棒球投手的准确有力。

1982年，乔丹考入北卡罗来纳大学。虽然此时他只有19岁，但他已成为美国大学生篮球队的大明星了。就在这一年，他随队一举夺得全美大学生篮球联赛NCAA冠军。第二年，他荣膺该年度NCAA最佳球员称号。

1984年，第23届奥运会在美国洛杉矶举行，刚满20岁的乔丹当选美国男篮主力队员，并出任队长。在比赛中，乔丹平均每场比赛得17.7分。这一年，国际篮联《篮球》杂志评选的世界最佳球员中的第一位，就是迈克尔·乔丹。奥运会后，乔丹和芝加哥公牛队签约，从此，步入NBA赛场。

在篮球场上，乔丹不会放过任何一个拿球的机会。

"篮坛飞人"

在乔丹之前，人们形容篮球天才的杰出表演，总不外乎用"跑"、"跳"、"盖"、"投"等词来形容，而在乔丹来到篮球场后，人们才想起了另一个词——"飞"。乔丹的弹跳之高，腾越距离之远，滞空时间之长，尤其是在空中避开封堵，纵身扣篮之绝，使他拥有了"飞人"的专利称号。乔丹最著名的一次"飞行"是在洛杉矶奥运会上，他在比赛中带球突破，刚过中线，便连跨3步，腾空、飞行，最后将球扣入篮框。据测定，他的"飞行"距离长达9米。

有一次，公牛队与波士顿凯尔特人队交手，乔丹连过两名队员，切入右路跳起正欲扣篮，超级球星拉里·伯德迎上封堵。这时，只见乔丹在空中飞至篮板左侧，180度转身将球扣入篮框内。目睹了这令人难以置信的一幕，现场评论员赞叹道："即使上帝穿上球衣，也休想挡住乔丹！"

至此，乔丹成了美国乃至全世界青少年崇拜的偶像。

公牛队的主场——芝加哥联合体育中心外的乔丹塑像

"篮坛飞人"——乔丹

图书在版编目（CIP）数据

影响世界的100位名人成才故事．外国卷／龚勋主编．—汕头：汕头大学出版社，2012.1（2021.6重印）
ISBN 978-7-5658-0570-7

Ⅰ．①影… Ⅱ．①龚… Ⅲ．①名人-生平事迹-世界-青年读物②名人-生平事迹-世界-少年读物 Ⅳ．①K811-49

中国版本图书馆CIP数据核字（2012）第008937号

影响世界的100位名人成才故事（外国卷）
YINGXIANG SHIJIE DE 100 WEI MINGREN CHENGCAI GUSHI WAIGUO JUAN

总策划	邢涛	印刷	唐山楠萍印务有限公司
主编	龚勋	开本	705mm×960mm 1/16
责任编辑	胡开祥	印张	10
责任技编	黄东生	字数	150千字
出版发行	汕头大学出版社	版次	2012年1月第1版
	广东省汕头市大学路243号	印次	2021年6月第7次印刷
	汕头大学校园内	定价	34.00元
邮政编码	515063	书号	ISBN 978-7-5658-0570-7
电话	0754-82904613		

● 版权所有，翻版必究　如发现印装质量问题，请与承印厂联系退换